"

学会

说"不"

卢倩 著

中国华侨出版社

北京

　　每个人都希望自己能成为别人眼中的好人，希望能给别人带来助益。于是乎，我们经常遇到不想做、不合适的事情，即便自己的能力尚且无法帮对方实现目标，但碍于面子不得不答应别人，过后自己心里又不好受。常说是成全了别人，委屈了自己。而且有时候答应了别人，努力了却没办成，还会落下个办事不靠谱的印象。

　　你不是超人，不可能让每个人都满意；你也不是钞票，不可能让每个人都喜欢。因为面子，因为不好意思拒绝，就丧失了对自己生活的掌控权。烦恼就会接踵而来。拒绝与说"不"，不是逃避，不是怯懦，更不是不懂人情世故。这是对自己负责，更是对他人负责。有时候适当的拒绝与说"不"，不仅能起到正面的作用，而且能帮助你把痛苦和烦恼及早扼杀在摇篮里。

　　本书用一些简单的方法和从不同的视角帮助你改掉总

是说"好"的习惯，教你告别不敢说、不会说，懂得说"不"。书中详述了"不"所具有的提高个人能力的功能，阅读本书你将学到关于如何提问题、如何思考做出决定、如何帮助团队取得进展、如何采取行动的新思路、新方法。其中的"说'不'的能力模型"是一种教你如何更简单、更快速地说"不"的工具，将帮助你充满自信地设定"不"与"是"的界线，让你有效支配和管理你的选择。

第 1 章

会说"不"，是一种能力

第 2 章

说"不"其实可以套公式，1分钟提升你的拒绝力

第 3 章

再熟悉的人，也要用"不"保护自己

第 4 章

说"不"是你的权利，不是亏欠

第 5 章
成功说"不"，由你自己掌控

第 6 章

停止说"或许"，别让"勉强自己"成了一种习惯

第 7 章

学会说"不"，懂得说"是"

第 8 章

决策练习：升级说"不"的决断力，成为说"不"者

第 9 章

实操练习：不断精进说"不"的能力

第 10 章

快速做出决定并坚持到底

第 11 章

50 种说"不"的技巧大公开

会说"不",
是一种能力

要 点 预 览

1. 认识和承认说"不"很难。

2. 借助"说'不'的能力自我测试"
   发现自己说"不"的能力。

3. 说"不"的方法。

4. 使用说"不"的标志词。

你每次想说"不"的时候都能说出来吗？本书将帮助你发现并找回说"不"的能力和权利。而且，它能帮助你找到个人、工作和团队之间的平衡，并激励你实现承诺和约定，而不会使你身心疲惫，也不会使你懈怠对你至关重要的人，更不会给你制造麻烦。换言之，允许自己说"不"是当务之急。

在日常生活中，不但要和孩子说"不"，而且和成年人也可以说"不"。说"不"的能力应随时间、地点和成千上万种用途的变化而逐渐彰显出来。

本书是关于如何把"不"这个字重新装进你的字典里，使其成为一个合理的、省时的、肯定生活的字眼的教程。它将阐明如何终结生活中的优柔寡断和犹豫不决。最后，此书也将告诉大家如何做出决定并坚持到底。

那么，你最近一次说"不"是什么时候呢？

"不，谢谢，我吃饱了。"

"不，谢谢，我只是看看而已。"

"不，我还没有准备好。"

"不，不用了。"

"不，这样做可不行。"

你看，你在最近几天已经有好几次说了"不"吧？

那么，当风险较高并且问题的提出者希望你说"是"的时候，你会说"不"吗？在这样的情况下，你上次是什么时候说"不"并坚守它的呢？你因为知道自己已有足够的事情做而感到轻松和高兴吗？如果你不记得你最近一次对何人、何事说过"不"的时间，那么你可能还有随声附和他人唯唯诺诺的缺点。"好的，我帮你做那个计划。好的，我来开我们共用的车。好的，我来接电话，我来回传真，我来回复邮件，我再写一个备忘录，再安排一次会议。好的，我来做这件事，你就不必忙了。"如此这般，你每到周二不精疲力竭才怪呢！想象一下，如果你一天多说一次"不"，你一天能节省更多时间去做自己想做的事。

此外，你喜欢经常说"是"吗？对别人给你提出的每一个问题，你都想说"是"吗？对别人的每一个邀请或请求，你都会说"是"吗？

还记得曾经给我们的承诺——每周工作 5 天每天 8 小时并有很多假期吗？计算机化将提高生产力并减少纸的消耗量吗？这些承诺有多少实现了？没有，我认识的许多人给出了否定的回答。但在过去的一段时间里，省时、省力和减压的承诺又何止这些。

这些承诺没有被兑现。快节奏的、技术驱动的文化并没有减轻我们的工作压力和生活负担。那些承诺可以促进技术进步而且正瓜分我们的时间，那些会叫、会响、会摇、会说话的技术发明正在减少我们的私密和思考时间。我们个人休息的时间越来越少，而不是很多年前畅想的那样越来越多。

现在的压力和挫折使我们不禁大喊："我都快累死了，压力太大了，有更好的办法吗？"有。"更好的办法"就是学会说"不"，说到做到，做事果断，只有该说"是"的时候才说"是"。

说"是"

如果你觉得自己经常迫不得已说"是",你现在就有机会找出你在什么时候想说"不"却说了"是"。

（1）你什么时候不假思索就说"是"？

（2）什么情况迫使你想说"不"时却说了"是"？

（3）你的孩子、同事或朋友中的哪些人知道怎样让你在想说"不"时说"是"？

（4）你什么时候说"是"后使你和你的感受处于不舒服之中？

（5）你认识的人当中，谁擅长说"不"？你能从他身上学到什么吗？

✖ 高情商式说"不"：你的新思维模式

你怎样定义"不"这个字？在词典里这个字可以用作名词、形容词或副词。其所列举的 12 条义项表明"不"有多种不同的用法。本书聚焦于"不"作为名词的用法，因此，"不"是"用不表示拒绝或否认的行为或事例"，是"否定的表决或决定"。

我们几乎听不到成年人在日常谈话中使用"不"。"不"似乎成为保护和教导孩子的专门用语，它是孩子们在两三岁时就学会说的字之一。

在20世纪八九十年代，美国公益广告中不断重申"只说不"以促使我们和孩子一起拒绝毒品。然而，受鼓励而说"不"和真正学会在同龄人压力之下说"不"都不是一件容易的事。对于在工作场所或处于我们日常经营的关系中的成年人来说，说"不"同样很难。我们不但在和想说"不"的念头做斗争，而且也努力寻找可以大声说"不"的安全的恰当的方法。

我们不断从电视、广播中听到或在印刷品上看到"不要恐怖主义"的宣传。因此，我们要对所有形式的恐怖主义说"不"。我们还对暴力威胁说"不"，对毒品说"不"，对酒后驾车说"不"，对家庭暴力说"不"，对校园欺凌说"不"，对无关紧要的诉讼说"不"，对恶劣的环境说"不"，对骚扰说"不"，对无偿加班说"不"，对我们向家人和朋友所抱怨的充满恐怖和引起恐惧的情景说"不"，甚至对孩子的坏脾气也说"不"。

想准备说"不"时，你会大声地说出你想说的"不"；没有准备好说"不"时，你就会什么都不说；还有些时候，你确实想说"不"，但是你仍然缄默无语——实际上这只能使别人认为你不在乎或者你就是在说"好"或"没问题"。如今，在我们这个时代，成年人习惯于说"好"以维持自己是团队中的一员的形象。

也许，你时常会听到周围的人这样诉苦说："你不明白，我工作时不能说'不'。"我们这样推理，如果她工作时不能说

"不"，她在家能说"不"吗？如果她在家不能说"不"，那么当她在购物时或公园散步时被人欺骗怎么办？人在这时是多么无能为力啊！这一推理令人担忧。所以我们需要花更多的时间来学会如何决定轻重缓急、弄清什么时候说"不"。"不"不是一个有害的字。事实上，"不"有时是某种情形所需的最诚实、最合理、最道德的回答。

人们不能说"不"不但不能保护他们的幸福，而且会传达出这样的信息："你要我做什么都可以。"你真的愿意做别人要你做的任何事情吗？请思考在下列情况下，你将怎样回答。

（1）仅仅因为我要求，你愿意把你的一个孩子给我吗？

（2）仅仅因为我要求，你愿意让我搬进你家住吗？

（3）你会乐意接手刚辞职或被辞退的人的工作吗？

（4）由于想成为团队的一员，你会笑着把车钥匙交出来吗？

（5）你愿意从容地跟一个完全陌生的人去你从未去过的地方吗？

以上都是不合理的问题？不，这些问题都是合理的，其实我们许多人都会被问到这样的问题。在其中一些情况下，你曾经犹豫且想说"视情况而定"吗？在做决定前，你需要了解更多的信息吗？在下面几章，你将学会运用"说'不'的能力公式"来获得更多的信息以利于自己做出清楚明白的决定。

对一切人和事都说"不"，我们独自走过了两三岁、10多岁时的"困难时期"，即使"不"不是孩子应该说的话。但是，对许多成年人来说，"不"只是留给父母说给孩子听的字罢了。

作为成年人，我们都习惯说"是"。多么矛盾——想说"不"时，我们自己却说了"是"。我们经常说"是"而不去获得足够的信息来做出尽可能好的决定。

"是"也是一个强大的字，它的能量随时间、地点和成千上万种用途的变化而逐渐加强。在很多地方，我们已经进入了"是"经济时代。"是，我多买点。是，给孩子我的一切，甚至我没有的东西。是，你可以去参加晚会。是，你什么都可以做。是，我们去度假吧。是，你一考取驾照，我们就给你买辆车。是，我们应该租一个仓库来存放家里不需要的东西。是，我们要发布两位数的经济增长率。是，我们可以做更多的订制产品。是，我们能使工作量加倍。是，我们可以为股东提高利润。"如此云云，我们永不停歇地说"是"。

从童年起，我们就习惯于说"是"。家人需要关心时，我们会说"是"；老板要求说"是"时，我们就照做；同事要求帮忙时，我们就友善地提供帮助……问题在于，当我们对每一个人都说"是"时，我们自己还有多少理智、个人时间和精力？我们说了如此多的"是"，以至都不记得说"不"了，由此，唯唯诺诺的缺点就在我们的生活中慢慢扎了根。

我们生活的社会环境造成了日常说"不"的困境。这些情境每天都在困扰我们：接电话、接视频、回复语音留言、回复备忘录、回复电子邮件、签名、回复传真。然而，在这些占用我们注意力的事情中，哪些事情真正值得我们注意？哪些事情实际上可以说"不"？即使你只是回答"等我想想"也是不错的。想象一下，如果你能一天就说一次"不"，你就可以节省许多时间和精力，而且可以保护自己和他人。想象利用说"不"设定的界线可以保护你的多少生活吧！

能力训练

难以开口说"不"

请思考你在什么地方说"不"最困难。如果你不能想出在什么时间、什么地点遇到过这样的难题，你就不能克服你犹豫不决和唯唯诺诺的行为。

（1）你对哪些活动或计划难以开口说"不"？

（2）你希望对哪些活动或计划说"不"？

（3）你对哪些人难以开口说"不"？

（4）何时是你最脆弱的时候？

（5）你在何时最不可能说"不"但却又不得不说？

对朋友和家人说"不"

你是否为了使朋友和家人快乐而满足他们的每一个请求？此时你自己是否也感到快乐？许多人都认为，满足他人的请求能够使自己快乐。但是，有时说"是"，结果却事与愿违，或者会使你承担你不愿意做的事情。

同时，回忆一下你是否有时说出或喊出下面的话："不，不要乱摸。不，不要横穿街道。不要在家里打球。不要取笑妹妹。不，打扫好房间，做完作业，你们才可以玩。"我们对孩子说"不"是为了保护他们并设定界线。但是，许多时候，作为成年人，在和成年人交往中，我们却未能设定界线使自己安全和清醒。

你是否有时本想自己单独过一天，却同意和家人（朋友）一起度过？如果你愁眉苦脸、脾气暴躁，你的同意和出现就会成为别人的痛苦。因此，你的同意反而可能使大家都不快乐。如果你从不说"不"，那么在家里和公司里维持关系就是一个巨大的挑战。

在激动的时刻，别人的一阵鼓动，一副恳求的眼神，一个乞求的声音，或者这些策略的联合使用，甚至能把一个必然的"不"化为"是"。何事能使你本来想说"不"时却说了"是"呢？对一些人来说，厌倦使我们避免说"不"；对另一些人来说，听到别人恳求几次后就心软了；还有一些人，害怕说"不"的结果驱使他们说"是"。有些人在工作时一直说"是"，但在家却过度使用"不"。问题的关键在于你想说"是"时就说"是"，想说"不"时就说"不"，并坚持你的回答，这样别人就不会再猜测你的意图或再和你协商了。

在工作场所说"不"

在工作时，同事的请求或老板的要求都可能使我们放弃自己的主张。自有记载的人类交往以来，每种文化都反映了要求人们说"是"比说"不"多的期望。在过往的生活里，我们接受过各种把商务谈判中的"不"化为"是"的训练和指导。工作场所的口头禅——"不要说'不'，要有团队精神。你想让我工作多晚？你想要我做多少他人的工作？"——迫使我们对任何事情都说"是"。只有这样，我们才能保住我们的工作，获得加薪的许诺，满足我们自己和家人的需要。

我们唯唯诺诺的行为是获得经济发展和工作经验的动力。图书、媒体和老板都督促我们掌握如何说"是"，并且让别人也学会说"是"。但我们真正所需的是在说"是"和说"不"之间找到一个有益的、恰当的平衡点。例如，在服务行业，顾客不一定全部正确。说顾客总是对的就意味着我们不能说"不"。如果顾客总是对的，为什么公司还规定顾客在退货时需要提交购物凭据呢？顾客、同事和老板并不总是正确的。因此，认识何时需要说"不"应该成为日常工作的一部分。

有迹象表明，工作场所正需要揭发者——那些说"不对"的人。他们揭露看到的"错误"，甚至诉诸法律来纠正。如果工作中所发生的一切事情都是对的并值得说"是"的话，我们就不必再需要这些揭发者了。重要的是，在工作场所，你需要说"不"，和孩子需要听到"不"的道理一样——保证安全，设定界线，有助于做有益的决策。

说"不"

你已经思考过选择何时说"是"与"不"之间存在的困难了。现在请想一想，你何时想说"不"也确实说了"不"。

（1）你还记得上次说"不"的情形吗？

（2）发生了什么事情？是否和孩子发生了舌战？是否在工作场所发生了协商？

（3）你觉得说"不"怎么样？

（4）说"不"后你感觉如何？

（5）你的"不"是否有效？发生了什么吗？

（6）说"不"是否是正确的事情？为什么？

✖ 测试你说"不"的能力

不要再优柔寡断，不要再犹豫不决，要学会坚决果断，找回说"不"的能力和勇气。

当我们对任何人任何事都说"是"时，我们就会委屈自己，失去自主的时间；在有些情况下，甚至是我们的生活，当我们对每一个请求和要求都说"是"时，我们就成了最懦弱的自己和牺牲品。

"说'不'的能力自我测试"检验你是否有说"不"的能力。"说'不'的能力自我测试"将判断你的声誉和幸福是否处于危险之中。未做出的决定可能使你、你的公司、你的家人避免处于危险之中。迟迟不做决定的个人或团队叫作犹豫不决者。

关于为什么要说"不"已经讲得够多了。读到这里，你已经准备好如何说"不"了吧？如果你已经厌倦了犹豫不决和唯唯诺诺，现在就是开始改变、掌握如何说"不"的时候了。做下面的测试题，找出你到底有什么独特的说"不"的能力。

◎"不"的主人——你可以有效地说"不"。

◎犹豫不决者——你通常说"或许"。

◎唯唯诺诺者——你通常说"是"。

通过这个测试，你将发现你趋向依靠什么话语说"不"："不（从来不）""或许"，还是"是"。利用这个测试了解自己，看你是否经常说"不""或许"或"是"。

答题说明：

（1）描述你自己在什么情形下说过"不"或有机会说"不"。

（2）读下列的每一个陈述或问题，思考你是否经常说这些话语。如果你经常说它，就在"非常同意"这一列下面的相应的格子里画圈。如果你经常或根本不用这些话语，就在"非常不同意"这一列下面相应的格子里画圈。如果你既不非常同意又不强烈反对，请你选择"基本同意"或"基本不同意"。

说"不"的能力自我测试

我发现自己经常说类似的话	非常同意	基本同意	基本不同意	非常不同意
1. 不。				
2. 你不能找其他人吗？				
3. 我的日程表都安排满了，过几个月再来找我。				
4. 如果你再找不到其他人，那我就做吧。				
5. 我的时间安排好了，现在不能承担这份工作。				
6. 免谈。				
7. 不，谢谢。				
8. 对不起，我不能帮你。				
9. 我愿意为你效劳。				
10. 你不懂哪一部分"不"的意思？				
11. 我认为我不是做这件事的最佳人选。				
12. 我或许可以帮忙。				
13. 我的日程表根本不允许我承担别的工作。				
14. 或许以后可以。				
15. 我乐意去做。				
16. 我根本不愿去做那件事。				

17. 或许可以。			
18. 我怎样可以帮你?			
19. 不行,不要做那件事。			
20. 我认为我已经做得够多了。			
21. 是。			

计分说明:

（1）上表列出了每一项答案所对应的分数。

（2）计算出 21 项的总分。

（3）在得分结果中找出和你的总分相对应的分数段,弄清自己说"不"的能力。

说"不"的能力自我测试

我发现自己经常说类似的话	非常同意	基本同意	基本不同意	非常不同意
1. 不。	4	3	2	1
2. 你不能找其他人吗?	1	2	3	3
3. 我的日程表都安排满了,过几个月再来找我。	1	2	3	3
4. 如果你再找不到其他人,那我就做吧。	1	2	3	3
5. 我的时间安排好了,现在不能承担这份工作。	2	2	1	1
6. 免谈。	4	3	2	1

7. 不，谢谢。	4	3	2	1
8. 对不起，我不能帮你。	2	2	3	3
9. 我愿意为你效劳。	1	2	3	3
10. 你不懂哪一部分"不"的意思?	3	3	2	1
11. 我认为我不是做这件事的最佳人选。	3	2	2	2
12. 我或许可以帮忙。	1	2	3	4
13. 我的日程表根本不允许我承担别的工作。	4	3	2	1
14. 或许以后可以。	1	2	3	3
15. 我乐意去做。	1	2	3	4
16. 我根本不愿去做那件事。	4	3	2	1
17. 或许可以。	1	1	3	3
18. 我怎样可以帮你?	1	2	3	4
19. 不行，不要做那件事。	4	3	2	1
20. 我认为我已经做得够多了。	1	1	3	3
21. 是。	1	2	3	4

总分

得分结果：

63～77分 "不"的主人——你随时可以优雅而有效地说"不"。

42～62分 犹豫不决者——你不能明确地说"不"或说"是"，因此你经常说"或许"。

23 ~ 41 分 唯唯诺诺者——你经常说"是"。

人们说"不"的能力水平和品质有明显的差别。做完测试题，你可能会发现自己和他人经常使用的习惯用语与表达方式。认清自己常说的话能使你了解别人如何看待你说"不"的能力。

前面的 21 个问题能帮你认清自己属于哪一种人："不"的主人、犹豫不决者、唯唯诺诺者。

"说'不'的能力自我测试"揭示了 3 个不同的说"不"的能力层次，或者说，是 3 种取得不同程度的成功和不同坚持程度的说"不"的方法。我们都说过"是"和"不"，关键在于如何使自己恰当说"不"的能力达到最佳状态，如何认清他人何时想对你说"不"却不知道如何说。

这 21 个问题中的每一句习惯用语都离不开 3 个标志词：不、或许、是。测试的 21 道题和这 3 种说"不"的方式的对应关系如下。

◎不，从来不。"不"的主人常用下面的方式说"不"：

1. 不。

6. 免谈。

7. 不，谢谢。

10. 你不懂哪一部分"不"的意思？

13. 我的日程表根本不允许我承担别的工作。

16. 我根本不愿去做那件事。

19. 不行，不要做那件事。

◎不，或许以后可以。这是典型的犹豫不决者，他们通常用"或许"或下面的类似的话语：

2. 你不能找其他人吗？

5. 我的时间安排好了，现在不能承担这份工作。

8. 对不起，我不能帮你。

11. 我认为我不是做这件事的最佳人选。

14. 或许以后可以。

17. 或许可以。

20. 我认为我已经做得够多了。

◎不，现在不行，稍后可以。这是典型的唯唯诺诺者，他们通常用"是"或下面的类似的话语：

3. 我的日程表都安排满了，过几个月再来找我。

4. 如果你再找不到其他人，那我就做吧。

9. 我愿意为你效劳。

12. 我或许可以帮忙。

15. 我乐意去做。

18. 我怎样可以帮你？

✖ 每个人都能说"不"

为了更好地理解每一种说"不"的技巧和方法，请继续读下去。对这 3 个层次的技能的详细说明分别都有 6 句话，每一句话都从一个不同的方面进行了描述。这样你就能更好地了解自己和他人——是"不"的主人，还是犹豫不决者，或者是唯唯诺诺者。你有机会提高能力，更好地理解他人对你说的话，懂得别人需要你如何帮助他们以利于他们做出更有效的决策。下面就是对 3 种说"不"的不同方法从不同方面进行的说明。

品质：该段话说明你如何利用说"不"的方法认识自己和他人。

优点：该段话概括所列的说"不"的方法的优点。

缺点：该段话概括说"不"的方法的缺点和潜在的局限性。

要更加有效，请思考：你何时应当利用说"不"的主要方法说"不"，该段话提出你如何与他人更有效地交往的建议。

你有不同的说"不"的方法时：利用本段的提示与那些依靠这种说"不"的方法的人更有效地交往。

注意事项：该段话分享值得你注意的事项。

✖ 3 种说"不"的解说

作为说"不"者

品质：说"不"者说"不"时直接坦率、轻松愉快、毫不犹豫，不会感到歉意。他们自主做出选择和回答，措辞得体，优雅地传达要点。他们也经常幻想别人也清楚什么时候应该说"不"。说"不"

者知道何时如何说"不"，何时如何说"是"。

优点：说"不"时明白易懂、直接果断。不会出现说"不"者是否真的说"不"的疑问。

缺点：因为直接，说"不"者显得冷漠无情，不愿意提供帮助，不愿成为团队的成员。有些人甚至被描写成态度超然、对别人不友好、神秘莫测。

要更加有效，请思考：如果你是一位说"不"者，请仔细思考你说"不"时的速度、语调和措辞。每个人听到你的"不"时感受都不一样，关键在于要清楚简练地说"不"，不要让别人听起来像是在批评他们，或者粗鲁无礼、令人讨厌。

你有不同的说"不"的方法时：和其他说"不"者相处时，提问题和回答问题时要更加直截了当。不要犹豫，否则，别人会认为你优柔寡断、软弱无能。

注意事项：作为说"不"者，你应该对自己和他人都有耐心。大多数人可能还不能和你一样有效地说"不"。说"不"的能力或者使一部分人亲近你，或者使一部分人疏远你。机智而优雅地说"不"是需要不断学习提高的一门艺术。当看到他人吃力地说"不"时，你可以利用本书第 2 章中的"说'不'的能力公式"来帮助他们阐明立场。

作为犹豫不决者

品质：犹豫不决者总想给出最佳答案，但是他们自己没有足够的信息来做决定。其实他们也希望避免做决定，因为他们认为这样能够保护自己或者不会让别人讨厌。

优点：犹豫不决者很少被看作粗鲁无礼的人。

缺点：犹豫不决者常被看作软弱无能或迟钝缓慢的人。

要更加有效，请思考：尽快学会本书中所有的公式、方法、问题、技巧和策略。

你有不同的说"不"的方法时：帮助犹豫不决者获取做决定所需的信息，用"说'不'的能力公式"里的问题激励他们，耐心等待他们提高说"不"的技巧。

注意事项：作为犹豫不决者，你要向技能高超的说"不"者学习。对说"不"者来说，犹豫不决者显得软弱无力、优柔寡断，应该被淘汰。当你想说"不"，或需要说"不"，或感觉"不"是最佳答案时，请记住一定要说"不"。

作为唯唯诺诺者

品质：唯唯诺诺者对一切事情都说"是"，他们中的有些人因此得到一些人的欢心。他们对每一件事情都说"是"，但是他们说"是"的很多事情都不会发生，因此，他们也得罪了不少人。

优点：唯唯诺诺者能够为其他人提供帮助，其他人也依靠唯唯诺诺者做很多事。

缺点：唯唯诺诺者没有多少时间是自己的，也经常不能完成其他人委托的事情。唯唯诺诺者因经常不能做完每一件事情而疲惫不堪。

要更加有效，请思考：尽快学会本书中所有的公式、方法、问题、技巧和策略。

你有不同的说"不"的方法时：弄清楚说"是"者能否真正坚持自己所做的承诺。帮助唯唯诺诺者暂停说"是"，问他们几个问题来决定"是"或"不"是否是最好的回答。耐心等待他们提高说"不"的技巧。

注意事项：作为唯唯诺诺者，不要觉得自己有义务说"是"，要向说"不"者学习。如果你继续说"是"并能完成承诺，你肯定会不断被要求做更多的事情。找到个人、工作和团队之间的平衡，鼓舞自己实现承诺和约定就不会使你身心疲惫，也不会使你懈怠对你至关重要的人。

我们能在公司依靠一种说"不"的方法而在家里采用另一种方法吗？可以这样做，因为不同的环境与处于这样的环境中的人对我们的行为和方法有不同的期待。在公司里，别人可能期望你说"是"，要有团队精神；但在家里，你可能是一位教导者，你不得不说"不"。或者，在家里，你可能是家人必须要找的人，因为家人知道他们总能赢得你的同意；但在公司里，你可能是一位不许滥用资金的决策者，必须对项目计划和员工说"不"。

✖ 使用说"不"的标志词

我们已经详细阐明了3种说"不"的方法和有关的行为。此外，这 3 种说"不"的方法所依赖的 3 个标志词如下所列。

（1）不——从不。说"不"者可以说"不"。

（2）不——或许以后可以。这是犹豫不决者的标志用词，他们通常会说"或许"。

（3）不——现在不行，稍后可以（可能只是几分钟之后）。这是唯唯诺诺者的标志用词。

能力训练

认识说"不"的方法

请识别下表 20 句话中的每一句所代表的说"不"的方法。

用圆圈标记你对每一句话做出的选择。

经常说的代表"不"的话	经常说	不常说	几乎不说
1. 不。			
2. 或许。			
3. 是。			
4. 不，我不能加入你们。抱歉，我希望能。			
5. 我想我们不能去参加晚会。			
6. 我想去看演出，谢谢你的邀请。（你真的想去。）			
7. 不要那样对待妹妹，你的举止不可接受。			

8. 请停止那样做？我肯定你妹妹不喜欢你那样做。			
9. 不，我的日程表满了，我不会再添加新计划了。			
10. 当然，我可以帮你完成那项计划。			
11. 我不知道是否能把那个东西装好。			
12. 不，我宁愿不要那样。			
13. 走吧，我准备好了。			
14. 能等我一下吗？			
15. 不，我现在不走。			
16. 我还没有准备好，能再给我2分钟吗？			
17. 我想这没有什么。			
18. 不要，让我走吧。			
19. 让我走吧，我想和其他人一起回家。			
20. 听起来不错，我们开始干吧。			

参考答案（选"经常说"选项的代表相应的人）

1.说"不"者；2.犹豫不决者；3.说"不"者；4.说"不"者；5.犹豫不决者；6.说"不"者；7.说"不"者；8.犹豫不决者；9.说"不"者；10.唯唯诺诺者；11.犹豫不决者；12.犹豫不决者；13.说"不"者；14.唯唯诺诺者；15.说

"不"者；16.犹豫不决者；17.犹豫不决者；18.说"不"者；19.犹豫不决者；20.说"不"者。

·本章概要·

我们习惯并支持我们自己、孩子、同事、老板和朋友说"是"比说"不"多。我们可以把曾经很流行的话"对暴力只说'不'"，改写为一个习惯用语"不要再犹豫不决，重新找回说'不'的能力"。但是，仅仅告诉我们自己说"不"还不够。因为有时找到说"不"的缘由并坚持到底，与做出说"不"的决定一样困难。你可以战胜唯唯诺诺，放弃犹豫不决，从而成为说"不"者。你可以改进做决策的技能，从而成为"不"的主人。作为"不"的主人，通过指导个人和团队改善决策，你也可以从各方面提高自己的技能。

第 2 章

说"不"其实可以套公式，1分钟提升你的拒绝力

要 点 预 览

1. 了解为决策而设计的"说'不'的能力公式"。

2. 学会提出帮助你做出"是"或"不"的决定的问题。

3. 果断地做决定。

在这一章里你将学习"说'不'的能力公式"。该公式将帮助你做出明确的"是"与"不"的决定。"能力"在本书中的含义是"采取行动或促成结果的能力"。"说'不'的能力公式"将帮助你支配和管理你的选择和生活。利用你从公式中获取的能力，你能够小心谨慎地、充满自信地设定保护你自己和他人的界线。该公式是一种教你如何更简单、更快速地说"不"的工具。

其实，说"不"与说"是"同等重要——那些极度渴望想学会说"不"的人能够证明这一论点。那么，你如何学会在你真正想要、确实需要或迫不得已说"不"时去说"不"？你如何在不疏远他人、不丢失工作或者不破坏你的人际关系的情况下说"不"呢？答案就在"说'不'的能力公式"之中。请练习使用这个公式，以便你每次想说"不"的时候可以说出"不"。

✖ 说"不"的能力公式

利用"说'不'的能力公式"把你内心想表达的"不"大声说出来。成功说"不"的要诀就是说"不"时要坚定果断、能够让对方听清楚并且认真对待。

"说'不'的能力公式"由 5 个做决定时要考虑的要点组成。这 5 个要点的首字母组成了易于记忆的"能力"（Power）。

1. 目的（Purpose）

2. 选项和资源（Options/Resources）

3. 时间（When）

4. 情绪联系（Emotional Ties）

5. 权利和责任（Rights and Responsibilities）

每一个要点下面都包括一套引导你在最恰当的时候说"是"或说"不"的问题、谈话以及协议。当你决定对一个请求、一个邀请或者一个要求说"不"或"是"时，这组讨论也将帮助你去保护你自己和其他人。一旦掌握了"说'不'的能力公式"，你只需花上几分钟就可以学会如何在谈话中使用"不"。

目的

请求的目的是请求者对其想要的东西、需要的东西、需要的原因，以及它与所要实现的目标之间的关系的表述。理解请求的目的是着手处理请求的开始。首先要考虑请求的目的是安全的还是有危害的。换言之，目的是否关系到组织目标、个人目标或者家庭目标？请求的目的是会增加还是伤害你的幸福？一个安全的目的将帮助你实现目标、保护你和你的家人的幸福和安全。

请求是否有危害？换句话说，请求是否会和公司的目标或要求、个人目标、个人价值观、优先要做的事情或者你的重要关系发生冲突？有危害的请求会使你身处不利之中。一个有危害的请求是不能顾及你的利益的，就像一个没有很好地利用你的时间的请求一样。

比如你在商场购物的时候，会遇到请求做问卷调查的人，此时你需要认真思考，因为你需要保护你的个人时间和信息安全。他们做问卷调查的目的就是向你推销商品或者只是满足其他人的需要，因此你就要避开他们，因为你挤不出那么多时间。所以，你需要直截了当地问清楚调查的目的是什么。也许有人认为这种做法相当冷酷，尤其一些做调查的是积攒社会经验的学生。

但是，我们是否都会那样做呢？当有人拦住你的去路，你难道不想一想："这个人想要什么？"有时我们也会大声地问："我如何才能帮助你？"询问你怎样帮助别人就是关于如何定义目的的问题。因此，当你接电话、接受午餐会面、安排会议或者同意去拜访亲戚朋友时，你都要先知道这些计划好的交往的目的。目的的范围包括售出一种产品、消磨高质量的交际时间、帮助家人、完成一项计划、寻找一次新机会及结束一次探索或结束一段关系。如果你不知道这个请求的目的，你将如何回答？在你知道这项计划的目的之前，你如何着手确定这项计划是否符合公司的目标？

如果你不知道一次交往的目的，那么你如何确定继续交往是安全的还是危险的？一旦你认识到目的的危害性，你应该立即说"不"，并坚持自己的立场。清楚对你的时间要求不但可以保护你的安全而且可以使你的工作富有成效。

如果你认识到目的是安全的，你就可以继续考虑你是否想或应该完成这个邀请或请求。有时虽然你认识到目的是安全的，但是你还是想知道这个请求到底包括什么内容。如果安全得到保证，你就可以投入更多的时间帮助请求人明确其所需要的东西是什么。可以提出这样的问题："需要做什么？最终的产品需要做成什么样子？它能帮助我们完成什么目标？"

如果请求的目的和范围使你听起来可以说"是"，那么"说'不'的能力公式"的第2步就是要找出可以帮助完成请求的选项和资源。

能力训练

确定请求的目的

（1）下一次如果有人寻求你的帮助，你怎样发现该请求的目的？例如，你可以问："你想要我帮什么忙？做这项计划可以帮助我们完成什么？"

（2）你将做什么？你将问哪些问题？比如，你可以客气平静地问："你希望我做什么？"

（3）你将如何表现？例如，你是生气还是平静，是嗓门变大还是柔声细语，是直截了当还是闪烁其词？

（4）你将问什么问题来决定请求的大小和范围，或者确定这项计划预期的结果？例如，你可以问："你希望该计划完成到什么程度？"

目的也与你个人优先要做的事情有关。你的核心价值观念是什么？你专注于完成什么目标？你最优先要做的事情是——有时间和家人待在一起、事业发展、度假、健康、财富、内心的宁静或者是别的什么？我们需要明确哪些事情对你是重要的，以此衡量每个请求、邀请及问题是否和你的个人目的一致。认真考虑确定目的的每一个步骤，明确别人要求你做什么事情，然后再把请求和你的个人目的相对照。如果请求和你的目的协调一致，你就可以继续考虑"说'不'的能力公式"的第 2 个要点；如果请求和你的目的不一致，你就知道你需要立即对眼前的机会说"不"。

选项和资源

现在，你明白了请求的目的，该是找出你有哪些可用的选项和资源的时候了。

选项是你完成计划可供选择的办法；选项是关于你如何完成计划的问题；选项是你实现请求的目的，以及做出如何满足请求时所拥有的选择。例如，你将雇用他人完成还是自己单枪匹马完成。

资源是帮助完成计划的人和物，包括工具、人员、设备、资金及职权等。你可能就是唯一的可用资源，或者你可能有志愿者、家人及团队成员来帮助你。

类似下面的问题可以帮助你寻找到底有哪些可用的选项和资源。

◎其他人能否承担这个任务？

◎有多少种完成任务的方法？

◎你可以利用什么工具、设备、资金帮助完成请求？

◎谁有空帮助你？有多少志愿者或者同事可以提供帮助？他们是否需要经过培训或者以前是否从事过类似的工作？

一项计划、一个邀请或者一条建议可能听起来不错，但是，在你找到可利用完成请求的选项和资源之前，你如何知道请求是否现实？事实上是你不可能知道。因此你需要花尽可能多的时间去研究哪些选项和资源可以专门用于满足请求。

如果你可用的选项和资源不允许你成功地实现目标，那么现在就是说"不"的时候了。如果你可用的选项和资源能够帮助你完成目标，请继续考虑下一个"说'不'的能力公式"的要点，找出完成计划或行动所需的时间。

能力训练

发现你的选项和资源

（1）一旦你知道请求的目的，你将怎样获知你有什么可利用的选项和资源？

（2）请想象你如何完成计划？你将采取什么方法和步骤？

（3）你是否已经知道你需要什么来完成目标了？如果不知道，请列出你所需要的东西。

（4）你需要谁来帮助你共同完成任务？他们是否有空？

时间

　　一个关于完成计划的时间的表述可告诉你该计划的时间安排或者请求的最后期限。这种表示时间的句子设定了完成请求的明确期限。要确定什么时间请求必须完成，你要询问计划、任务、小组任务或者你心爱的人要你做的事情应该在什么时间完成，询问完成计划的时间是固定、不可协商的还是可以协商、浮动的。看看请求的时间安排和你优先要做的事情有没有冲突。请求的时间安排是否顾及预期所需的资源？你可以通过协商调整期限吗？

　　在你询问请求完成的期限时，如果有人回答"尽快"，那么你可以认为这不像一个回答。为什么？因为对于提出问题的人来说，"尽快"的意思可以是 10 分钟、两天、两个月……你如何才能知道请求人要求什么时间完成？请继续问："这项任务到底要在什么时间完成？"你需要的是一个包括具体日期、时间、时区（在有些情况下）在内的期限。

　　例如，当你是跨时区工作时，"我想要这项任务在××地标准时间 2008 年 2 月 17 日中午之前完成"才是一个有效的期限表述。这种明确的时间表述包括时间、时区、年、月、日。"请在今天下午 2 点之前把这个东西给我送回"也是清楚明确的。这些期限在表示请求人期望任务完成的时间上没有任何不明确的地方。

　　确定明确的期限顾及每个人的最大利益。知道期限可以保护你的时间、你们团队的时间以及你的工作时间。一个具有高尚而明确的目的、并由选项支撑、没有期限或者时间安排不现实的请求理应得到"不"。换句话说,关于某项计划需要在什么时间完成的问题,可能就是一个停止或进行这项计划的决定要点。关于时间的问题可以用固定浮动或可协商的日期和时间来回答。在开始计划之前,找出给予你的期限是哪一种。

一个带有明确目的、由选项和资源支撑、具有明确而现实的期限的请求可能就是你要说"是"的请求。但是,第4个决定要点——情绪联系,可能会把你的回答变成"不"。

能力训练

明确请求的期限

(1)下次有人对你说"尽快"时,你会说什么?

(2)下次有人对你说期限是"无论什么时间都可以"时,你会说什么?

(3)下次有人对你说"你周末能不能打扫一下车库"时,你会说什么?

(4)下次有人对你承诺"星期一把这件事做完",你会说什么?

(5)你将向请求者提出什么问题来弄清完成计划的时间?

即使计划的目的、选项、时间都很明确，你也并非可以完全放心地做出"是"或"不"的承诺，因为还有两个要探讨的关系到你做出什么决定的要点。请考虑你对做出承诺有什么感受，以及关于你的权利和责任所达成的一致意见是什么。

情绪联系

说"不"既是一个需要推理的过程也是一个表现情绪的过程。情绪源于你过去的经验、你对如何完成计划或请求的直觉或者一种莫名其妙的不想做事的感觉。情绪常常不请自来。情绪可以引起对请求说"是"的兴奋、许诺和冲动。另外，情绪也可以引起对请求说"不"的愤恨、怀疑及动力。在你意想不到的瞬间，情绪可能促使你说"不"或者"不要打扰我"或者"滚开"。当你做出这种快速、几乎直觉的回答时，请信任它。

一个看似不合理的说"不"的直觉冲动源于你和一个情境、人、团队或环境的情绪联系。强烈的说"不"的冲动是一种自我保护。一种"不好的预感"或一种"本能反应"可以促使你说"不"。情绪有好的（"我感觉这项计划不错"）、有差的（"我预感到要有不好的事情发生"）、有中性的（"我不在乎"）、有混合的（"我不确信"）。

前3个做决定的要点——目的、选项、时间在逻辑上是必然的。仔细考虑每一个要点，在需要时可以协商。即使有这些合乎逻辑的讨论，你的情绪依然能影响你是否坚持说"是"或说"不"的承诺。

在你清楚而彻底地考虑好请求之后，请考虑你的感受如何。

你真正想做、完成、涉足的是什么？当心其他人强迫你做你不喜欢做的事情。通过倾听你对问题和邀请的本能反应，保护你自己、你的幸福及你的个人时间。

问自己如果说"不"你有何感受？也要考虑如果说"是"你有何感受？然后确定你对请求的最好回答到底是什么。

能力训练

认识你的情绪

（1）你上次在什么时候迅速地说了"不"，以至你自己都没有意识到你说了"不"？

（2）什么情绪或过去的经历促成了你的反应？

（3）什么情绪引导你对请求说"不"？

（4）什么情绪导致你对请求说"是"？

（5）当你的情绪和理智相矛盾时，你可以向谁寻求见解？

权利和责任

每做出一个"是"或"不"的决定时，请仔细考虑你的权利和责任都是什么。

权利。权利是指那些在一定情况下被认为是正确的东西，以及不管你对请求说"是"还是"不"都正确的东西。在讨论权利决定的要点时，你可以确定一个请求是否合理合法。

你可以问如果你说"是"你将有什么权利。例如，在工作中，你可以问："提供了什么资源，资源会不会被拿走？哪些人有空而且不会被调去干别的工作以至于没有人帮我？在计划进行期间，我将有什么不可剥夺的权利？"

在家里，你可以问哪些承诺必定要遵守，你可以期望什么得到保护，是和家人在一起的时间、一个人单独过的时间还是看孩子的时间。如果关于权利和期望的答复不明确，就进一步请求获得更多的信息，以确认自己的权利是什么。

同样，你可以问如果你说"不"将会有什么后果。例如，如果你说"不"，你目前的项目是否会受到影响；你将来是否还有获得项目的机会；你将受到什么样的对待；你将面对什么样的结果。如果这些问题的回答不明确，那就要请与你共事的人、与你共同参加活动的人，或与你生活在一起的人解释清楚你所期望的东西。

责任。除了权利之外，你还应该知道你负有什么责任。责任指你应该做到、履行、执行的法律的、道德的、精神的义务或职责。例如，你对一项计划说"是"的责任就是该计划的一切开支不能超过预算或维持在预算以内。弄清你对请求说"是"的责任可以保护你因为它而产生的混淆和不满。

如果你说"不"，你也不一定不承担责任。说"不"可能表示你需要告诉其他人有什么变化，或者到哪里可以找到帮助，以便他们在没有你的情况下能够完成任务。

能力训练

确定你的权利和责任

（1）你将用什么话语向你的老板询问如果你承担某项工作所拥有的权利是什么？例如，"在这项工作需要帮助时，我可以比较实际地期望得到什么？"

（2）你将用什么话语向你的经理询问如果你承担某项工作同时所应承担的责任。例如，"如果我做这项工作，你对我有什么要求？"

（3）你将用什么话语确定你对家庭的责任？例如，"我在家时，你对我有什么要求？"

（4）你将问什么问题来决定你是否会在某个公益组织任职？例如，"公益组织主席要求的时间承诺是什么？"

权利和责任是5个决定要点的最后一个要点。理解这一要点后，你就可以得出明确的"是"或"不"的回答。在你获知有人期望你担任那个请你任职的公益组织的主席之前，你可能认为你将说"是"。这种回答常常是某种形式的妥协。本书给出的建议是，你可以与该组织的一个小组或几个人进行一两次会谈或集体讨论，而不是在直接答应任职。在讨论时你要问这两个问题："你们在寻找何种承诺？你们希望我做领导还是参与者？"你要清楚说明你所能做的事或者你愿意做的事。你要尽力设定界线并非常明确地说明你能做的事情和不能做的事情。

❌ 解读"说'不'的能力公式"

请用逻辑或情绪的观点看待这5个说"不"的决定要点。目的、选项和时间是可以推理的。这些项目可以被讨论、推理、协商及再协商。它们提供了一个请求的基础及基本协议。

然后就要考虑第4个决定要点——情绪联系。情绪可以高于、环绕或贯穿于其他4个决定要点，情绪在任何时候都可以帮助或阻碍请求的发展和实现。情绪需要警惕、关注及尊敬，因为你一旦察觉缺少关心或尊敬，情绪就会随之而来，并且可能破坏一项计划或请求的成功。

权利和责任不但可以推理而且与情绪相关。权利来自你所期望和相信的东西。你所担负的责任可能鼓励你也可能使你沮丧，不管怎样，你都必将能对你必须面对的事情感觉到点什么。你所知道的、完成一项计划需要的权利和责任有可能不被请求者认可，在这样的情况下，就会引起精神压力和紧张。所以，逻辑和情绪因素组合起来可共同影响决定、回答和结果。

◎目的告诉你需要完成的计划。

◎选项和资源告诉你如何完成计划。

◎时间告诉你完成计划的时间安排。

◎情绪联系告诉你对请求或问题有什么感觉。

◎权利和责任不但与我们及其他人有关，而且与逻辑及情绪因素有关。

这一切意味着什么？"说'不'的能力公式"意味着你可以把逻辑及情绪应用于向你而来的每一个问题和邀请。这个公司为你提供了认真考虑决策的要点，而且这些要点还提供了讨论对什么说"是"、对什么说"不"最有意义的问题的时间和工具。同时，在决定停滞不前、陷入僵局，并且需要做出决定时，这个公司可以促使你提出一些可以加速决定进程的问题。

请思考你可以怎样把"说'不'的能力公式"应用于团队、计划，甚至家庭会议中。从你用来收集做出"是"或"不"的决定的信息及见解的各种问题开始，通过全书的能力训练，你可以暂停、思考或记录你的问题及方法，从而改进关于决策的讨论和结论。

能力训练

使用"说'不'的能力公式"

现在轮到你构思你将用到的大量问题，认识什么时候应该说"不"，什么时候可以协商。为了确定5个"说'不'的能力公式"的要素，请写出下次如果有人请求你做什么事你将使用的问题。

目的：

选项和资源：

时间：

情绪联系：

权利和责任：

✖ 五步骤，逻辑清晰地说好"不"

下面的清单提供了一些你可能为上面的能力训练写出的示范问题。这些问题可以帮助你自己、你的家人、你的团队确定任何请求的目的、选项和资源、时间、情绪联系、权利和责任，以便你们共同做出尽可能好的决定。

目的

需要完成的计划到底是什么？

这项计划将为谁的目标服务？

需要做什么？

最终的产品需要做成什么样子？

我们做这项计划可以实现什么目标？

这项计划的预算是多少?

你在寻求什么结果?

已经做完了什么?

执行标准是什么?

具体的规定是什么?

指导规则是什么?

牵涉哪些公司政策?

这项计划的目的或目标是什么?

要实现这个目标，我们的销售额必须达到多少？

我们是否需要修改产品报价？如何修改？

我们是否需要开发新产品？开发什么？

如何修改我们的产品报价说明？

公司下一步需要做什么?

我们没有利润，如何削减开支?

我们能买得起多大的房子?

我们可以花多少钱?

这件东西会用去多少钱?

我们在追求什么?

计划完成时，我们想要它包括什么内容?

我们需要什么资格证明来做这项计划?

这项计划将会涉及哪些管理机构?

我们的公司战略怎样说的?

我们的实施计划怎样说的？

操作指南都说了什么内容？

规定是什么？

我们公司关于客户服务、准时送货、产品性能、定价、环境、自然资源管理等方面的哪些政策会影响我们的决定？

计划周期的哪一部分会影响我们？

我们的决定是否符合公司战略？

你熟悉的什么技术能与别人竞争？

这个清单可以一直延续下去。同样，有关选项和资源、时间、情绪联系、权利和责任的问题清单也可以一直延续不断。下面的清单比较短的原因有两个：第一，它们本来只是用来触发更多的想法，而不是无所不包的清单。第二，确定计划的目的确实是最重要的任务，因此在这个阶段，应该提出更多的问题。

选项和资源

我们有哪些选择可用？

我们有什么资源可用？

应该如何可以完成这项计划？

哪一类的志愿者能提供帮助？

什么设备可用？

哪些工具可用？

哪些人有空帮忙？

我们从哪里可以获得做这项计划的预算？

还有谁可以做这项计划？

已经在进行中的什么项目有助于完成这项计划？

我们目前有什么技术可用？

我必须要参与这项计划吗？

我们可以用多少种方法做这项计划？

我们有多少种方法可以完成这项计划？

哪一类志愿者能提供帮助？

对这些有空的员工需要进行什么培训？

你认为最佳选项是什么？

我们忽略了什么？

我们没有考虑到什么？

我可以从另外什么角度处理这项计划？

谁将用不同的方式看待这项计划？

我们的顾客如何看待这项计划？

我们的家人要求怎么做这件事？

时间

最后期限是什么？

最后期限是固定不变的还是可以协商的？

我们可以协商完成计划的最后期限吗？

如果计划不能准时完成，会有什么处罚？

如果没有按期完成，会有什么后果？

这种时间安排是否允许我们使用所需资源？

哪一天需要它?

什么时候需要它?

在最后期限之前,我们什么时间可以会面确认计划的进展情况?

所需资源什么时候可用?

所需人员什么时候可用?

你什么时候有空?

所需资金什么时候可用?

准确的日期是什么?

我什么时间必须做出决定?

我什么时候要下订单或采购?

我什么时候必须交押金?

我们可以推迟多长时间?

延期的后果是什么?

我们可以从哪里补回失去的时间?

在我们开展工作的过程中,我们可以从哪里节省时间?

我们如何进行流水作业以便加快工作进度?

我们可以改进什么工序以便更快地开展工作?

情绪联系

你可以在心里问自己这些问题。如果有帮助,有些问题也可以用于问其他人,以确定他们对满足某个请求的感觉。

你对说"是"有什么反应?

你对说"不"有什么反应？

如果你的团队在没有你的情况下就展开工作，你会有什么反应？

团队的其他成员对这项计划有什么反应？

如果某个成员被遗弃，他会有什么反应？

什么经历使你对这项计划有这样的感觉？

什么情绪会引起这种反应？

过去的什么经历促成了这种反应？

将在哪里遇到阻力？

谁将妨碍这种方法的使用？

受关注的问题的根源是什么？

我们如何克服这种阻力？

你如何给团队加油鼓励？

你想要给这项计划投入多少精力？

你对这项计划有何担忧？

在你周围发生了什么会使你感到忧虑？

在你周围发生了什么会使你感到兴奋？

在你周围发生了什么会使你感到气愤？

在你周围发生了什么会使你感到焦急？

在你周围发生了什么会使你感到不安？

在你周围发生了什么会使你感到舒适？

什么结果使你感到 _____ （无论什么感觉）？

这些结果将使你有何种感觉？

你确实想参加这项计划吗？为什么？

你觉得有人强迫你参加这项计划吗？

你觉得最佳方法或最佳答案是什么？

什么情绪将引导你说"是"？

什么情绪将引导你说"不"？

你可以向什么人寻求见解？

当你的情感和理智相矛盾时，你可以向什么人寻求意见？

说"是"或说"不"是否是最善良的回答？

权利和责任

为了完成计划，你将拥有什么权利？

哪些资源已供调配使用而不会被拿走？

哪些可用的人员不会被调走重新安排任务？

在实施计划期间，你被授予哪些不可剥夺的权利？

哪些承诺必定要遵守？

在做这项计划期间，你将受到什么保护？

在做这项计划期间，你将如何保护自己的时间？

如果你说"不"，你将有什么权利？

如果你说"是"，你将有什么权利？

如果你说"不"，你将被如何对待？

如果你说"是"，你将被如何对待？

如果你说"不"，你将会面对什么结果？

如果你说"是"，你将会面对什么结果？

如果你说"是"，你将对什么负责？

如果你说"不"，你将对什么负责？

一旦开始计划，你需要阐明什么以避免混淆？

当计划开展时，什么需要受到保护？

当计划开展时，谁需要受到保护？

你在寻求什么承诺？

你希望做领导还是参与者？

说"是"或说"不"是最公正的回答吗？

说"是"或说"不"是最诚实的回答吗？

你的回答能保持你的正直吗？

你的回答能反映出这种情境的最高利益吗？

✖ 果断做决定，该说"不"时就说"不"

在决断事情方面，"说'不'的能力公式"可以用以下方式描述。

目的。如果目的太宽泛，你可以缩小它的范围或者删去一些细节及华而不实的东西，从而使计划更易于管理。

选项和资源。如果没有选项和资源可用，你有时可以听到这样的话："我们被切断了"或者"我的供给线被切断了"。

时间。请求的时间安排可能阻止你做其他的事情。因此，在实施所请求的计划期间，你可能被剥夺或切断了做其他事情的机会。

情绪联系。你可以真诚地倾听自己的感受并做出反应，或者你也可以隔绝自己，一点儿也不倾听自己的情感。

权利和责任。当你觉得你的权利和责任被践踏、受限制、被滥用或被切断时，你可能就会远离这种活动，甚至完全放弃它。

能力训练

做决定

（1）你上次做出决定后觉得被切断是什么时候？

（2）这种切断出现在哪里？

目的——发生了什么？

选项和资源——发生了什么？

时间——发生了什么？

情绪联系——发生了什么？

权利和责任——发生了什么？

那些能够毫不费力地说"不"并且保持微笑、感觉良好、继续生活的人，通常会出现以下情况：男士说"不"比女士说"不"更轻松自如；女士说"是"比男士说"是"更轻松自如；男士和女士说"或许"的轻松自由程度及由此表现出的犹豫不决的程度基本相当。我们所有人——"不"的主人、犹豫不决者、唯唯诺诺者——都能够从使用"说'不'的能力公式"中受益。

说"不"的5个决定要点就像5层滤纸一样可层层筛选，以决定我们是说"是"还是说"不"。"说'不'的能力公式"提供了做出合理决定的坚实基础，从而支撑你和你创造最高质量的生活的能力。做决策的标准有很多，例如，决策图表、质量标准、力场分析等。有些市政服务组织机构敦促他们的成员在类似下面的问题基础之上思考如何做出决策。

（1）说"不"是最善良的回答吗？请回想你说"不，你气色不错"，而听话人感到尴尬时的情景。

（2）说"不"是最公正的回答吗？请考虑你对一个孩子说"是"，而对另一个孩子说"不"时的情形。

（3）说"不"是准确而诚实的回答吗？请考虑以下情况：某人在工作时被告知"不，你表现不错"，但结果被解雇。

（4）通过说"不"，你是否代表有关各方的最高利益？请考虑你的回答"不"是否顾及你的最大利益及他人的最大利益。说"不"之举是一种自我保护。请明智地援用"不"，并细心留意说"不"的可能结果是什么。

能力训练

保护你的"不"

下次如果你决定说"不",请先保护好自己。通过问自己下列问题,来保护你所陈述的"不"字。

(1)我说"不"的目的是什么?换言之,通过说"不",你想要实现什么?

(2)其他人将把我说的"不"听成什么?"是""或许",还是"不"?

(3)如果是那样的话,你可以使用哪些最佳话语?

(4)你说"不"的方式有哪些可能的选择?

(5)说"不"将使你有何收获?你将如何继续向前?

· 本章概要 ·

"不"和"是"都是很重要的词语。如果你仅仅依赖"不"或"是",你的决策过程就会经常陷入绝境。这样,常规的回答被取而代之,并把你变成唯唯诺诺者或犹豫不决者。"说'不'的能力公式"里的问题可以帮助你或团队得出使工作有所进展的尽可能好的答案。

第 3 章

再熟悉的人，也要用"不"保护自己

要 点 预 览

1. 区分事情的轻重缓急。

2. 自我保护与说"不"的能力。

3. 用"不"保护你的财产。

"我不能说'不'……"刚来参加时间管理培训班的宋珊说。

"我们都能说'不',"培训师刘娜说,"你若想保护自己的时间,就必须说'不'。"

"在公司、在家,我都不能说'不',"宋珊说,"有太多的事要做。"

"你可以说'不',"刘娜说,"这样看来,你是在说你不喜欢说'不'的结果。"

"不,"宋珊说(带着沉重的双肩和渴望眼神),"我不能说'不'。"

✖ 说"不"要区分轻重缓急

本章建立在这个前提基础上,即"你如果不能说'不',你就不能保护自己"。我们生活的每一个方面都需要保护。我们要保护自己、家人、朋友和同事;我们要保护我们的财产、时间和金钱。本章讨论并提供了能力训练题,让你记录如何利用"不"字更好地保护应该保护的人和物。

回到本章开头所举的例子,宋珊对自己说"不"的能力的否认也许是她唯一能说"不"的地方。这个谈话涉及时间管理策略——如何区分事情的轻重缓急。利用紧急性和相关性两个统一体,我们必须坚持的立场是有说"是"的时候也有说"不"的时候。

如果某一任务、活动、会议或聚会与我们的目标、心愿和效用无关，那么谦恭地说句"不"未尝不是一个最好的答复。

"区分轻重缓急表"是用来判定你应该把时间用在什么方面，如何区分你应该说"是"的那些事情的优先次序的。你日常生活的最主要区域位于"要完成的事情"，该区域是你生活中的重要部分。因此，它要比"危机区"大。"要完成的事情"的区域是我们将要做好而且需要做的事情。

区分轻重缓急表

现在必须要做的事情 紧急事件 可以重新安排的事情	危机。立即处理！	置之不理 或 留给他人
	要完成的事情	

你要管理的第 2 个区域就是"危机区"。生活中难免会有危机，设法处理好每一次危机然后再回到"要完成的事情"。与此同时，时刻应该避免的是整个"不相关区"。若一件事与你、你的家人、你的工作或你的承诺都不相关，那么你为什么要在这件事上浪费时间呢？千万不要。正确的做法是置之不理，或者留给他人去处理。

听着宋珊的阐述，不禁让人开始担心她的安全。我们会产生这样的疑问："如果她根本不能说'不'，那么，如果某个想袭击或强暴她的人走近她，她将怎么办呢？"

如果你参加过个人安全和自我防卫培训课程，你应该会学到一节重点讲解说"不"的重要性的课程——大声而有力地说"不"能把要袭击你的人吓跑。自我防卫专家会示范训练学员如何大声而坚决地说"不"，并且要说到做到，一点儿不能退让。在这种情况下，"不"表示一种警告，意思是"快滚"。此时，"不"就成为保护你的个人空间、财物和身体的有力武器。

能力训练

区分轻重缓急

情境1：有人要求你完成对你毫无意义的事情，该事情没有明确的完成期限，与你的目标也毫不相关。

这是属于"区分轻重缓急表"中哪个区的事情？

情境2：你孩子的幼儿园老师打电话说你的孩子生病了，让你马上到学校去。

这是属于"区分轻重缓急表"中哪个区的事情？

情境3：你同意担当新项目的领导。并且你已经有足够多的事情。

这是属于"区分轻重缓急表"中哪个区的事情？

参考答案

1.不相关区；2.危机区；3.要完成的事情区。

✖ "不"和自我防卫

"不"字与自我防卫密切相关，它有着不可忽视的重要性。

从个人安全考虑，千万要记住，企图袭击你的歹徒总是不断试探、判断潜在受害者发出的各种信号。这时，他们设法核实某一目标是否易于侵犯。下定决心，就不能改变；不要说"不"之后，又同意其他事情。在有潜在袭击者的情况下，一旦切断了他们的妄想，如果他们再想和你说话，千万不要再和他们搭茬。

自我防卫不是教或鼓励人们如何对抗坏人或使用暴力，而是教人们如何有效地对付企图使用暴力的坏蛋。一个好的自我防卫培训主要包括3个因素：

第一个因素是意识，就是在任何时刻你都要和周围环境协调一致，始终注意周围的人和事。有意识的预防比应对方法更可取。

第二个因素是态度。正确的态度应该是你的生命和安全值得去捍卫，而且你有权利保护自己。这种心态能让你意识到你应该通过身体语言和语气传达何种语言或非语言信号。

第三个因素是准备。准备包括划定身体、心理和语言界线，学会自我防卫的基本应用知识。好的准备应包括个人安全教育，涉及诸如犯罪分子如何选择受害人，了解犯罪分子的共有特征及他们的手段和伎俩等问题。

在许多情况下，预谋好的袭击都是如何欺骗迷惑受害人。犯罪分子所用的主要手段之一就是和受害人搭讪，其目的就是让受害人消除疑虑、转移注意力、降低防范意识。犯罪分子不会用有明显恶意的方式取得你的信任，否则他们的真实企图就暴露出来了。相反，他（们）表现得十分友善，使你很难拒绝。这时，千万记住要镇定。如果方法正确，谈话可以有效地和他（们）建立某种友好的关系，从而巧妙地控制他（们）。

哪些关键词或句子值得你注意呢？第一，如果一个陌生人用"我们"或"咱们"的字眼和你说话，你就要注意了。例如，当你推着购物车到自己车旁时，一个陌生人走过来说："让我帮你一下吧，我们一起搬，一会儿就搬完了。"有的犯罪分子在提出帮忙时还做出承诺或保证，例如，"我就帮你一下忙，我保证，马上走人。"有的犯罪分子利用一些细节骗人，这样他们自己就会成为一个令你信任的人。例如，"我也一直一次买这么多东西。"还有一些犯罪分子使用一些轻微的侮辱语言迫使你和他交谈。例如，"像你这样的人可能不会和我这样的人说话。"犯罪分子用这些话的主要目的就是消除你的疑虑，使你相信他是个好人，没有恶意。实际上，他却是一个彻底的陌生人，只不过是想接近你罢了。

能力训练

当你进行自我防卫时

（1）你对周围环境了解多少？

（2）你会做什么来保护自己的安全？

（3）你会做什么来保护孩子的安全？

✖ 勇敢说"不"，是你的武器

让我们先来看一个案例：

赵磊是一家电台的播音主持，一天她收到一位听众的来信，信封很普通，并且没有来信地址。在信封里，她看到了两页纸，附有一个带有回信地址的便条、一根香和一个U盘。她饶有兴趣地看着信，虽然没有感到威胁，但是有些奇怪。

U盘里是一段录音，她叫同事一起听这段录音。听到一半时，录音里却充满了对她和电台工作人员的恐吓声。这时，同事说："马上打电话报警吧。"起初，她没有在意同事的建议。但，同事非常坚决，坚持要她打电话，以让她知道如何保护自己。

于是，她打电话告发了这个写信人。不出所料，他多次入狱，袭击过警察，多年来，经常在社区里制造事端。若说赵磊受到惊吓，其实也没那么严重。

但后来发生了这样的事：一天晚上下班回家，一个鬼鬼祟祟的人一直尾随她，直到她所居住的小区附近。警察立即劝告她如何保护自己——例如，列出电话簿里陌生的电话号码，让警察去警告他停止骚扰等。"不，不要接触他，"她说，"现在，我对他没有构成威胁，我也不想对他构成威胁。我们等等看他是否还联系我，因为到现在我对他还没有构成威胁。"

几个月过去了，赵磊都没有和他有过任何接触。有一天，在广播电台播音时，她接到了写信人的电话。开始她不知道是谁，当她意识到是谁时，她立刻挂断了电话。从那以后，他就再没有来打搅她。但是，一年之后，赵磊晚上才敢去家附近的便利店。最后，赵磊对自己说："不，我不会再生活在恐惧之中了。这是我的生活，我的社区，我有权利不生活于恐惧之中。"之后，她做了一个重要而聪明的决定：参加自我防卫培训班。

自我保护的姿势

武术家、警察、演员和运动员都知道至少一种适合他们各自不同职业的最有效的姿势。姿势就是你在处事待人时站立的方式或位置，包括你如何控制自己的身体和头部、如何保持平衡、如何站立。你收集信息的方式和眼神的方向都会影响你在自己工作领域里的表现。以下6个要点可以帮助你提高说"不"的能力，这些都是从要求有效姿势的领域中总结出来的经验教训。

发挥优势。了解你在处事待人时的真正心理和身体优势，充分发挥这些优势。例如，说"不"时，你的优势可能在于声音洪亮并不在意别人对你的"不"的看法。但在这种情况下，你的这一优势很可能成为众矢之的，因为他们会把这个优势看成粗蛮无礼。

保持警惕。熟悉周围环境。不要太专注于你面前的人，以至忽视了进来的其他人或物。肩部和头部的姿势要有利于随时看见、听到周围发生的事情，并随时进行调整。没有知晓全部事实而偶尔听到的"不"可能会使你误解事情的事实。

保持距离。创造一个缓冲区，能使你看清正在发生的事情，根据情况随机应变。说"不"时，这个缓冲区能带给你思考的时间和做决定的余地。

保持平衡。如果你躺在地上，你就失去了保持警惕的坚实基础。找到你的重心和平衡点。说"不"时，保持平衡意味着要知道自己为什么说"不"，而且要坚守这个回答。

保护你的位置。尽量保护自己的安全，只有如此，你才可以继续并赢得战斗，或者命中目标，或达到目的。这一点关乎如何坚持你的回答，并且了解周围发生的事情。

坚持到底。不要放弃，继续进行战斗。说"不"并不是关于如何战斗，而是关于如何明白你的目标，如何大声说出目标，如何努力实现目标，然后如何有礼貌地感谢那些帮你实现目标的人。

不管你做什么，你都有权利对所有的事情、人或经历说"不"。是否记得所有要点或仅仅其中一些并不重要，重要的是记住你可以说"不"！

语气和身体姿势至关重要

从自我防卫的角度看，你说"不"时的身体姿势一定要使潜在的袭击者认为你不是随便说说的——你不愿成为受害者，也不是容易对付的。不应该贸然对抗或挑衅，除非事情已经升级。你应该在自我保护的情况下，可以迅速而轻松地从任何一个方位出击，并且要和你的意识相结合。利用本能，亲自主动寻求别人的帮助也比被动接受你不确信的人的帮助要好得多，这是一条底线。这样你受到袭击的机会就会大大降低。

你可以用嘴说出"不"，也可以用身体语言和其他信号传达"不"。例如，红灯、停车标志、挥动的红色信号旗都是让人停的信号。你的身体语言同样能传达这些信号所传递的信息。你的身体语言可以告诉别人"不，停"，或者"不，我不喜欢那样"，或者"不，我不去"。

在和你交谈的对象说"不"时，你会用下面哪些身体语言呢？

◎左右摇头表示"不"。

◎举起手，手心向外，表示"不，停"。

◎双臂交叉，表示"不，证明给我看"或"不，我不会动一下"。

◎瞪眼并轻轻歪歪头，表示"不"。

当你全神贯注于问题、客观处理可能导致"不"的谈话时，你就能更好地避免使用愤怒、争辩或责备的口吻，而用适合当时情形的方式让别人听到我们的"不"。我们的语调、感情和措辞都能影响说"不"的效果。

你注意过没有，说同一句话，用不同的语调、不同的重音，在不同的情况下所表达的意思千差万别。一个大声喊出的"不"能使别人惊慌；平平静静说出的"不"可能被错认为是没有反应或缺乏信心的回答（可能被听成"或许"或者"是"）；转过脸平淡地说出的"不"可能被当作感到困窘或内疚的"不"。大声而坚定地说出"不"让别人明白你的立场吧！

我们可以大声叫喊着、哭喊着，或直接地、坚定地说"不"；我们也可以微笑着、小心地、气愤地、辩解地说"不"。每一个"不"的含义都不一样，而且周围听到的人所理解的意思也不同。想一想，十几岁的孩子对朋友说"不"和对自己父母说"不"的方式是否相同？他们根据不同的对象，会使用不同的语调、不同的身体姿势、不同的态度和不同的眼神说"不"。

那么，你在公司和在家说"不"的方式有什么不同之处吗？你的语调如何变化？你在两种不同的环境下的情绪如何，是冷静还是激动？耐心和坚定程度有什么不同？你舒适快乐的心情是否影响你说"不"时的音量和音调？

能力训练

你如何说"不"

（1）你第一次听到"不"这个字是什么时候？

（2）听起来怎么样？感受如何？

（3）你常用什么语调说"不"？

（4）你如何利用面部表情、眼神、两臂和身体姿势说"不"？

✖ 保护你的财产

说"不"的能力影响你各个方面的安全。说"不"对你的人身安全很重要，说"不"也是保护你的财产的工具之一。个人财产包括你的精神空间、你的情感空间、你的正直、你的时间、金钱和才能，还有你的健康。

历史上，人类使用武器、战争、语言和符号说"不"来保护自己。武器用于对侵袭人类的动物、入侵者或犯罪分子说"不"；战争用于对入侵的国家、非正义的行为和不同的信仰说"不"；语言用于对战争、武器、非正义和恃强凌弱的行为说"不"。并且，"不"还用于保护儿童、保护家园、保护人身安全。

自我保护的能力和说"不"的能力都源自我们的信念。首先，我们要相信我们说"不"的权利。然后，把说"不"的能力建立在我们对说"不"的物品、方法信念、希望和信赖的基础上，这样它们才能提供保护。最后，当一个人具有说"不"、保护自己、保护他人、保护财产的信心和技能时，他的保护力量和说"不"的能力就会随语言或行动爆发出来。

人们用很多种方式保护财产。保护财产包括保护你自己，甚至拒绝你不愿做的事情。那么，哪些东西才是我们真正的财产？财产是你拥有的有价物品和你想维持的一些关系。人、时间、精力、感情和关系都值得保护。保护它们的顺序取决于我们的生活经验、现场情况、自身的价值观和目标。

只有你自己才能决定什么对你和你的情况最适合。书中只能提供一些主意、方法和体系以便用于不同的生活情景。下面内容涉及一些事例和方法，你可以学会怎样通过说"不"来保护你的财产。

✖ 保护你的精神和智力空间

在上小学的时候，吴洋在一个同学的卧室里看到他贴在墙上的一句话："谢绝垃圾。"这句话的意思不是保持房间干净整洁，而是不允许负面的、可怕的、马虎的想法闯入他的思维。吴洋觉得这是一个好主意，于是他也在卧室里贴上了这句话。有一天，吴洋的朋友来他家玩，看到了墙上的标语，以为这句话是让他把房间打扫干净的意思。吴洋马上解释说这句话与他没有任何关系，只是用来提醒自己要思维活跃、思考清晰。

我们所用的话语可以反映出我们如何思考。因此，拒绝使用某些词语是一种保护我们自己的精神和智力空间的方法。"不能"和"我不能"通常的意思是"我不能也不愿意做"或"我不想去做"。如果你说"我没有足够的时间"，那么，你的真实意思是"我要做其他更重要的事情"。

保护你的精神和智力空间

（1）你如何保护自己的精神空间？

（2）从现在起，你如何保护自己的精神和智力空间？

参考答案

你的生活经历能够给你完全不同的最佳答案。当你困惑不解时，每一个答案和他人生活中的真实的例子都能使你萌发出新的想法。

（1）例如：白天安排哪怕只有 15 分钟的时间，不要有人打扰，处理计划解决问题。参加一些能振作精神、提供新视野的活动。

（2）例如：经常思考，多看名言警句。

✖ 保护你的情感空间

我们都有被需要的渴望。被别人需要的感觉满足了人们的心理和情感需求。在大多数文化里，女性更倾向于持有被需要的人生观。因此，人们很难拒绝任何让我们感到被需要的要求。

善良之人感到很难对需要帮助的人说"不"。其积极的一面是他人得到了帮助，大家都暂时感觉良好。最终，善良之人常常忘记照顾自己而累得筋疲力尽。设定界线并不意味着要和他人断绝关系。设定界线的意思是我们要保持良好的生活平衡，我们感觉良好的日子比心情不好、身心疲惫的日子要多。

当你说"不"时，你是在保护自己并且设定清晰的界线。你可以通过对焦虑和悲观情绪说"不"来保护自己；你可以通过勇敢面对罪恶，对不公平、威胁和谎言说"不、不行、不再"来保护他人。提出能够改善情况的想法，在提供帮助的方式改变之后，看看会发生什么事情。如果你已经参与或想参与正在发生的改变，这是很好的事情，因为事情正在或会按照你的意愿发展。如果你被忽视或者你感觉到没有人需要你的注意和方法，你就应该默默走开。保护你自己、你的情感和你的精力。

一位女士分享了她的故事。她和男朋友约会时感到越来越疲惫。她的积极态度、美好希望和乐观总会遇到那个男人的消极态度和悲观态度。她和他一样都很爱对方，而且他们打算以后可以结婚。但是，这位女士意识到他们之间的感情付出事实上正在使他们感到精疲力竭，而并不能使他们保持愉快和富有精力。因此，虽有些困难，他们还是分手了。她认为这一决定是对他们双方的保护。

谈到保护，请想一想别人门上的"请勿打扰"标志。为什么人们能接受这样的标志，而不能接受那些为了保护自己的情感或个人空间而说"不"的人呢？如果我们都能够对公司、组织、朋友和家庭成员的恶劣行为说"不"，我们的世界该是多么美好啊！

保护你的情感空间

（1）你如何保护自己的情感空间？

（2）从现在起，你如何保护自己的情感空间？

参考答案

（1）例如：独处一段时间；和一些有信心的朋友相处一段时间；远离那些消极的人们。

（2）例如：拒绝和那些只会讲悲伤故事的人相处。

✖ 保护你的个人空间

关于空间的不同的文化态度，影响着我们应该和他人保持多远的距离。欧洲人和拉丁美洲人觉得自己和他人之间保持 0.3 ~ 1.2 米的距离就可以了。阿拉伯人对男人之间、女人之间以及女人与男人之间的身体距离都有不同的标准。亚洲人通常根据年龄和地位确定身体之间的距离和交往原则。警察受到的训练是对 6.5 米以内的任何事物都需要保持高度警惕和戒备。

礼仪专家或礼仪书籍能帮助你了解其中的细节。重要的是每一个人对个人空间的舒适范围都有一个不同的界定。

一天，中学老师赵雪跟朋友一家聚餐，朋友家的小儿子小泽是个很可爱的男孩。为了了解他在学校的生活，她们和他谈起自然科学和数学课。在谈话中，小泽表示他不喜欢那些在他"个人空间"里的人。赵雪觉着这小孩很有趣，就问："小泽，你的个人空间是什么？"他毫不犹豫地答道："整个世界。"这似乎不无道理，因为每个人都相互联系在一起，从某种意义上来说，每个人的个人空间确实延伸到整个世界。通过电视、电脑、手机方式，将各种信息送给我们，我们的个人空间受到这些信息的影响。当赵雪在思考这句话是否有道理时，小泽想了一会儿，接着说："不，只是开个玩笑。没有那么大，大概只有我们吃饭的桌子这么大。"我坐在他对面约 1 米的座位上，而他的妈妈离他约有 1.2 米。我接着问他："如果有人在你的个人空间里，你会怎么做？"他回答："如果我不得不让别人进入我的空间，你现在就是呀！"

我们每天都会让别人进入我们的个人空间。我们选择什么样的人进入我们的个人空间取决于我们和他们的熟悉程度、相识时间的长短，以及我们是在何种场合，比如社交、生意、独处或公开交往。

你可以用很多方式对在你个人空间内的人说"不"。对那些喜欢拥抱的商务人士，当他向你走过来时，你可以向他伸出手，和他握手就可以避免拥抱了。对喜欢拥抱亲吻的亲戚和朋友，你可以在相互拥抱时把脸转过去靠在对方的肩膀上就可以避开亲吻，从而使他人远离你的个人空间。也许有些人觉得这些行为不太礼貌。每种文化都有不同的可以接受的舒适距离，并且在有些欧洲文化里，不在脸颊上相互亲吻是一种粗鲁无礼的行为。要学会认清自己以及他人的舒适距离，并且使用可以保护你的语言和行动。

保护你的身体空间包括知道你自己可以行走、不受伤害的舒适距离和安全距离。比如，你正走在去商场的路上，马路对面有人向你大吼大叫，挥舞拳头，你要做的就是置之不理继续行走。因为距离远，他根本不会伤害到你。因此，保护自己的个人空间的关键在于正确判断你的实际环境，然后用语言和行动保护自己。

能力训练

保护你的个人空间

（1）你如何定义自己的个人空间？

（2）你会让哪些人进入自己的个人空间？

（3）从现在起，你如何保护自己的个人空间？

参考答案

（1）例如：2.5米的距离；我的工作间；我的车子；我的房子。

（2）例如：家人、挚友、一些同事。

（3）例如：和他人在办公室见面；进行简短的谈话；只和家庭成员待长久的时间。

✖ 保护你的正直

犹豫不决者因不能兑现承诺而削弱了他们的正直。

唯唯诺诺者因不能完成别人委托他们所做的每一件事情而削弱了他们的可信度。但是，只要用行动实现所承诺的每一个"是"，正直就能保持。

3 种说"不"的方式与正直并行不悖。清楚自己对别人的请求说"是"或说"不"的原因能保护你的正直和坚守诺言的能力。

能力训练

保护你的正直

（1）你如何保持对自己正直？

（2）你如何兑现自己的承诺？

（3）你如何保护自己的正直？

参考答案

（1）例如：我想做或不想做什么事情时就实话实说。

（2）例如：坚持到底，保证充足的时间以完成任务。

（3）例如：坚持说真话，让我的决定和回答尽量清楚。

✕ 保护你的精神幸福

处于恐惧或筋疲力尽的状态会阻碍精神幸福。精神幸福是一种你把时间和注意力投入那些给你精神食粮，保护你的价值观和信仰，让你感到与世界紧密相连的事、活动或人时的状态。

对那些与你的价值观和信仰不一致、不能保护你的精神幸福的活动或人说"不"。对一些话说"不"也是一种保护你自己的精神幸福的形式。例如，誓言和恶语不但能损害你的幸福感而且会侵蚀你的安全感。

有一部分人可能遇到过这样的情况，他们常听到身边的朋友谈论他们所在公司的管理制度。他们常对公司的各种制度进行苛刻的批评，而且他们不断重复这种恶语中伤式的讨论。

日复一日，这种谈话一直持续不断。这些人没有加入讨论，也没有说"不"。但他们已经开始觉得厌倦了，他们感到自己的价值观和人身正受到攻击。他们对朋友感到气愤，因为他们在攻击自己所在的公司，他们觉得这种制度不但是属于他们的东西而且构成了他们的身份。

他们开始感到自己受到了审判，即使他们并没有受到审判。他们的沮丧情绪不但使他们不快乐，而且如果这些言语和威胁日复一日、年复一年地继续下去，他们可以看到将会发生的事情：他们最终因受到威胁而付诸暴力行为。不采取暴力行为的坚强忍耐来自你所汲取的力量、保护能力和灵感的内在自信或精神力量。

找出让你精神活跃、和你的价值观与世界有关系的东西。接近那些支持你的人，远离那些贬低你的人。找到能给你时间思考、做决定及反省的人或环境。创造使你保持平衡心态和精神健康的环境。

能力训练

保护你的精神幸福

（1）在保护自己方面，你有何种改变生活的经历？

（2）曾经发生过什么？你做了什么？

（3）根据现在的生活经历，你会采用不同的做法吗？

✖ 保护你的时间

你常说："我的时间不够。"为什么？你是否说过太多的"是"？如果我们把很多时间分给别人，那么我们自己就所剩无几。我们就会变得疲惫不堪、易怒，甚至生病。

在任何时间，你要保证自己有充分的可支配时间。如果这个时间达到了极限，你就要说："我的时间都已经被我所做的某某事占用了。"不要因为拒绝另一件好事而不快乐，否则你就陷入一个时间有限的困境。因此，当有人拜托你做事的时候，从自己的时间局限的立场回答说"不"。

有时，知道何时说"不"、为什么要说"不"能帮助他人清楚地了解他们说"不"的必要性和能力，从而保护他们的时间、才能和目标。

一位有工作的母亲——李心敏分享了她安排和保护自己时间的方法："我把'不'当作保护时间和精力的方法。随着年龄的增加，我觉得需要计划时间、安排休息时间。我很少接连安排几晚的活动，也很少参加持续到晚上9点以后的活动。"

生活是一场和时间、活动及责任的战斗。说"不"是一个保护时间的非常有效的方法，这种方法可以使你避免陷入想取悦而又不能取悦每一个人（包括你自己）的困境。

在单位，从不隔墙偷听他人谈话到管理各种会议都是保护时间的做法。复习本章开头的"区分轻重缓急表"，把这个表用作决定如何最有效地保护时间的工具。

销售行业是在公司里利用"不"的另一个领域。有一个销售员的故事值得借鉴。他全力以赴地确定所有能够同意他的建议、计划的人，所以销售过程和计划都是根据这些人的需求而制订的。一切似乎都很顺利，就等着签合同了。在向采购部做完最后一次讲解之后，他们向财务总监做了推荐。这个财务总监才真正有权对这次交易说"是"或"不"。结果，财务总监说了"不"。

这个例子给了我们什么教训？这个教训就是要找准谁能对

交易、计划或购买说"是"或说"不"，然后满足他的信息和情感需求。

　　时间可以被活动、谈话、人、思维方式占用、投资或消耗。40多岁的李尔，一位来自某游戏公司的开发人员分享了下面的故事。

　　我最近发现，我的手机里充满了来自一个我一年多未见面的人的留言。我在半夜里被惊醒，这使我非常气愤。最后，我决定，就像我们买房产是为了居住或做生意一样，人们也应该因占用我们的时间而给我们补偿。如果赔偿或价值兑换不公平，他们就应该腾出他们占用的空间——在这里指精神空间和时间。于是，我打电话告诉这位老兄："友情没有用，不要再妨碍我了。"

　　比尔的方法非常直截了当，但不一定适合你——你也许更乐意使用谈话的方式。关键是他认识到他的时间被滥用并且他说了"不要再"。你也能意识到你的时间被滥用并且说"不要再"。

能力训练

保护你的时间

（1）你愿意花更多的时间做什么事情？

（2）为了有更多的时间做这件事情，你需要对什么说

"不"？

（3）你将怎样利用"区分轻重缓急表"做出更好的决定？

参考答案

（1）例如：对自己的能力有所提升的；为自己喜欢的人或者尊敬的人做事。

（2）例如：一些使自己不愉快或不能帮助实现目标的任务；我承担着很多工作以至于一直感到压力或疲劳。

（3）例如：快速认出"不相关"的事项；更好地安排"要完成的事情"。

✖ 保护你的金钱

不要持有坏账。理财专家认为，坏账是不具有获取或增加价值潜力的一切东西。所以，我们用信用卡支付吃掉的、用掉的或扔掉的东西而欠的账款就是坏账。有把握收回的债款包括我们在房屋上的抵押、教育投资等。理论上，我们很容易也有理由对债务说"不"。10年前，一位保险代理人称他是理性消费的人，因为他除了房屋贷款没有任何债务。再看看亚洲的一些国家，人们用现金购房，如果现金不够就不能买房。

请对冲动的购物说"不"，饥饿时，你可能在商店关门前的最后1分钟购买大量的食物，而情绪低落时，你就容易冲动购物。

理财和财富创造专家告诉我们，要对冲动的购物与没有经过调查的购物说"不"。虽然我们知道这些道理，但我们常常不能把它们应用于改变我们的消费习惯，而且我们的消费习惯影响着我们的储蓄和投资习惯。请思考你经常如何通过说"不"来保护你的金钱和财务状况。

✕ 保护你的健康

一个又一个研究表明，我们的身体、情感和精神状态直接影响着健康。因此，我们在生活中所说"是"或"不"的对象也会影响我们的健康。我们吃的食物、睡觉时间的长短、身体锻炼多少，以及度过每一天的方式都是保持健康或导致疾病的因素。世上有成千上万本图书、药品、医生及从业者可以指导我们如何保护健康，所以在我们不知所措时，可以向他们求助。你做什么来保持自己的健康？为了更好地保护自己的健康，你可以对什么说"不"？

能力训练

保护你的健康

（1）你怎样保持健康？

（2）你做什么改善自己的健康状况？

（3）谁能和你共同寻求健康的生活？

参考答案

（1）例如：散步；锻炼身体；合理的膳食；充足的睡眠。

（2）例如：多运动；尽量不熬夜；不吃过多的零食。

（3）例如：医生、家人、挚友。

· 本章概要 ·

通过每时每刻的思考和行动，你会做出选择并按照选择行动。你可以承担很多事情，但结果是你不但付出了太多而且不自觉地牺牲了自己。如果你认为自己不能说"不"，你就易于受到伤害。

说"不"是一种自我保护的举动，也是追求自由和正义的举动。

第 4 章

说"不"是你的权利，不是亏欠

要 点 预 览

1. 说"不"是自由之举。

2. 说"不"的结果之力量。

3. 说"不"的策略。

无论如何，"不"就是"不"，"是"就是"是"。如果我可以左右你，你的"或许"就可以变成"是"；如果我不能说服你，你的"或许"就会变成"不"。每个文化赋予"不"的含义都不一样。本章从"不"字已经被"只是说不"的运动所误用的文化视角着手，详细介绍说"不"的道德规范和结果。对于"只是说不"的预期使用者来说，这种运动已经脱离了现实基础。在我们的文化中，我们已经习惯说"是"以保持慈爱的父母或合作的团队成员的形象；而且我们坚信说"是"可以使自己免受外部环境带来的压力或者伤害。

✖ 说"不"是你的权利，不是亏欠

说"不"是每一个人的权利与自由。生活中我们需要设定界线，用以保护自我。我们的生活中必须有一块无人入侵的私密空间，只有这样，我们才能保持心理和精神健康。"不"就是如何设定界线的一部分。"不"也是最初的、最原始的自由之举。"是"是对要求和问题的顺从。没有"是"就没有团队和协同工作；没有"不"就没有个体。没有个体，团队就会变得单调乏味、令人厌倦、黯淡无光。有团队，就要制订行为规范和原则。规范和原则指引我们应该对什么说"是"、对什么说"不"。

有时，"不"建立在一个规定、限制、原则或规章的基础之上；有时，"不"是本能的回答；有时，"不"是经过深思熟虑、合乎逻辑的舒心回答。说"不"并非易事，说"不"需要很大的勇气。坚持你的个人价值观或理想有时可能会遇到恫吓、威胁，甚至身体伤害。例如，对干扰你的人说"不"就是保护你想做或需要做事的时间和自由。只有对不符合你的价值观的东西说"不"才能保护你的人身自由。

说"不"的能力也是保护自由的一部分。当我们知道说"不"的结果不会伤害自己，说"不"真正是个令人感到解放的时刻，那么，能够说"不"并且承受其结果也是令人感到自由的时刻。

经过一个多世纪为争取选举权的斗争，女性们传递了这样一条信息："够了！不是只有男人才能选举，我们也有权选举。"纵观人类历史，为了使人类生活得更好，个人和群体不但对根深蒂固的生活方式说"不"，而且他们还会单独或集体行动起来改变这些生活方式。

正义是关于如何辨别正确和错误的标准，因此你要知道对什么说"是"、对什么说"不"合理。经常使用"说'不'的能力公式"可以给你提供帮助。我们能够且必须用更好的方法说"不"以保护我们自己、我们的孩子和世界上的所有人。机会正向我们敞开大门，走进这扇大门，我们可以学会如何用最好的方式说"不"，为我们自己、我们的社区、我们的国家和全世界的最高利益而努力奋斗。

✖ 不要轻易点头，你有说"不"的责任

在恰当的时候，每个人都有责任说"不"。这项责任适用于家庭、工作、社区、各级单位的决策过程。如果我们未能在家里说"不"，孩子就不守规矩，亲情会受到伤害，有时甚至导致身体伤害；如果我们未能在公司说"不"，将发生挪用公款、做假账等事情，股东和员工将会感到失望，甚至有时会导致公司破产。如果我们未能在社区说"不"，犯罪率将会上升，恶意破坏的行为也将增加。

我们需要且要求说"不"。但是，即使有了需求和要求，还要考虑说"不"的结果。正面的结果可能是保护了自己、他人、你的时间或财产。负面的结果则可能是你疏远或得罪了他人，或者你错过了有益的经验，或者别人把你看作一位不愿意参加任何活动的悲观主义者。说"不"的折中结果可能是没有发生特别好或特别坏的事情。

在生活中，我们已经听到过很多人对我们说"不"。一些人把"不"永远藏在心里，没有商量的余地。另一些人对"不"听而不闻，继续他们的生活。大部分人生活于这两种人之间，有时接受"不"，有时拒绝"不"。当谈到你对他人说"不"的能力时，你会受到自己的价值观，或者自己认为应该坚持和固守的一种观念的影响。有时，他人的价值观也会影响你做的决定。此外，你对身边事物的洞察力也会不知不觉中引导你应

该对什么说"是"、对什么说"不"。犹豫不决和优柔寡断源于你对你认为重要和你所珍视的东西或你想要看到生活中发生的事情等缺乏清楚的认识。

请倾听下面一位大学老师王伦亮的故事。

我在收一个本科班的第一次论文作业时,见到有一个学生正忙着写论文——我布置作业时已经说明要交打印稿。他胆怯地把名字写在论文的上端,然后交给我。我没有说话就收了他的论文。第2周,当把论文发下去时,那个学生在看到他的分数后开始抱怨分数太低,同桌见他有些失落,知道可能是因为不太认真,才给了不高的分数。此时,我对他笑了笑,直视着他,说:"认了吧。"其他的学生都大笑起来,他的脸红了。他没有再争辩。对这样马虎的作业说"不"的结果使这个学生开始认识到自己的缺点,从此以后,按照要求保质保量地完成各门课程,并顺利修完了这门课。

能力训练

明确你说"不"的道德基础

(1)指导你做决定的原则、价值观、规则是什么?

(2)你在哪里学到了它们?

(3)它们为什么对你还那么重要?

✖ 对抗还是接受，决定了结果

学生草率地完成了一篇论文，老师选择让他承担责任。学生得到的结果是低分。那么，他可以选择成为遵守规则的学生，或者冒险而不能通过这门课。

我们每个人总有一个选择。如果你不喜欢别人选择的结果，你自己会说"我不能"，或者"我以后再来找你"，或者其他犹豫不决的话语。总之，你认为这些话语能使你从别人要求你做的事情中脱身。如果选择的结果对自己的影响是积极的，你就会乐意接受这个选择；如果选择的结果对自己的影响是消极的，你就会因为这个选择产生焦虑和不安。

请看 34 岁的胡燕妮的故事。她结婚已经 10 年了。从表面上看，她的婚姻很完美——她的老公人很好，房款和车款都付清了，没欠债，没有孩子，生活过得舒适愉快。但是胡燕妮并不快乐，她和我们分享了她的思维转变过程。

我和老公在一起生活并不快乐，但是我不能用具体的语言说清楚其中的原因。我只知道，每一天我都感到很脆弱，这种生活让人窒息。这种感觉几乎没有任何道理，因为我的生活看起来很完美——但是我的情绪正在吞噬着我。于是，我对老公说："这样不行，我们像住在一个房间的两个室友一样。我们能做什么才能使我们的关系更像真正的夫妻呢？"他也没有把握。我所想到的每一个主意好像对我们都没有效果。我们继续生活在一起还是分开都去咨询过，我们也向结婚20多年的朋友讨教过。我们因此流泪、互相倾诉、祈祷，但只是带来更多的泪水和争执。10个月后，我们决定离婚。回过头看，我才意识到我是那么疲倦以至没有精力想一想我们的关系能走向何方。我意识到我的心中并没有要离婚的念头。而发起那些回顾我们关系的谈话，其实我也不清楚我想让讨论走向何处。尽管我本想和这个男人过一辈子，我还是选择离婚而不是继续一起生活。

胡燕妮的故事说明探索结果的过程耗费时日、富有挑战、令人疲倦。胡燕妮说，虽然探索过程令人疲倦，但她对结果感到满意，因为她知道在最后做出离婚的决定之前需要仔细研究这些选择和结果。任何做决定的过程的关键都在于，在用"说'不'能力公式"研究问题和考虑结果的基础之上，如果你没有充分的根据做出明确的决定，你就应该继续交流思想。

下面的这个故事有可能是关于你、我，或我们认识的某个人的。在一个很平常的日子，一位叫刘宁的女人和她的一位男性邻居陈乔带着另一个邻居王倩一起去商店，因为胡燕妮的丈夫没有时间陪她购物。聊天时，刘宁和陈乔发现王倩经常买酒，而且他们无形中在支持王倩酗酒。因此，如何说"不"就成为一个挑战。若只想给予帮助，你可以友好地对她说："好，我乐意带你去商店。"你若感到这是在助长她的恶习，那么说"不"对你的朋友才是最好的回答。

刘宁说她心里非常矛盾，不知道是该避开这个邻居，还是面对她并且冒着被误会或者失去友谊的风险，鼓起勇气告诉她利害关系，或者和她进行交心的谈话。刘宁用以下方式应用"说'不'的能力公式"里的问题。

目的。我帮助王倩的目的是什么？刘宁的答案是：帮助王倩解决问题，保护她的婚姻和家庭。

选择。我有哪些选择？苏珊选择和乔商谈他们能做什么才能帮助王倩，并保护她自己和家庭的和谐。

时间。刘宁一发现陈乔也对和王倩一起购物有同样的体验，就准备处理这个问题。她知道是时候该和王倩谈谈心了，这样能够保护他们彼此不受伤害。

情绪联系。陈乔对邻居的关心促使她采取行动。

权利和责任。刘宁意识到她关心王倩的幸福和社区安全的责任胜过她对王倩可能生气的担心。

最后，刘宁和陈乔一起去找王倩进行沟通，而且也与她的丈夫韩威进行了交流。韩威还没有意识到问题的存在，因此他对这次谈话非常感激——他想继续为王倩和家人寻求帮助。如此，刘宁利用"说'不'的能力公式"帮助了自己、王倩和韩威及他们的家人。

你曾遇到过这种进退两难的局面吗？若应用"说'不'的能力公式"，此种局面便可以迎刃而解。例如，勇敢面对邻居的目的是帮助她或者保护其他人。刘宁所有的选项如上所列——躲避、面对或者进行沟通。不管她做出什么选择都将影响事情发生的时间——沟通何时开始、何时改变策略。而且涉及关心、担心、勇气等情感。这种关心促使刘宁考虑她对自己、邻居和社区的权利和责任。当然，刘宁也考虑了说"不要酗酒，我们需要谈一谈"可能导致的结果，包括失去友谊、矛盾激化或家庭和睦等。

✖ 说"不"的结果之力量

"说'不'的结果之力量"由 3 个问题组成。

（1）做出这个决定的正面结果是什么？

（2）做出这个决定的负面结果是什么？

（3）做出这个决定的折中结果是什么？

你对这 3 个问题的回答不但可以指导你做出决定，而且可以帮助你选择有利于坚持决定的行动。

通过"说'不'的结果之力量"的问题和说"不"的策略，你不但可以探究说"不"的结果，而且可以决定应该对什么说"不"。"说'不'的结果之力量"促使你思考说"不"的正面、负面或折中结果。当然，说"是"的时候，你也可以考虑同样的因素。不论你在使用过"说'不'的能力公式"之后怎样回答，如果你考虑回答的结果，你就将得到最大的保护。

结果有正面和负面之分。正面或负面的程度大小可以造成你所重视或蔑视的、感到舒适或不适、感到安全或危险等一系列可能的结果。正面结果包括保护你的时间、你自己、你的金钱、财物、孩子和其他人；正面结果也包括人身安全、职位晋升、事业发展机会、关系改进和问题解决等。负面结果可以包括错失良机、身心疲惫、精疲力竭、丧失前程、自我保护未果、危及自己和他人安全等。折中结果不好也不坏，它们不会伤害你，但也不能给你提供帮助。

有时，你要花时间仔细思考你所做出的决定的结果。有些时候，你仓促做出决定以至没有时间考虑结果。还有些时候，你说"不"是因为你已经养成了事先做出决定的习惯，所以你不用再仔细思考。仔细思考决定的结果有利于你做出能贯彻到底的决定。每当做决定时，仔细考虑这个决定的正面、负面以及折中结果非常有益。

能力训练

说"不"的结果之力量

思考下列说"不"句子的结果，记下你所想到的可能结果。第 1 题已经做好了，可以当作例题。你可以在这些练习题后面的参考答案中找到一些考虑结果的方法。

1. 对你收到的多数请求说"不"的结果。

正面结果：你保护了自己的时间和金钱；你能够做完你承担的任务而且有时间做其他的事情。

负面结果：别人认为你不愿加入他们的计划，或者把你当作一个自我克制的人，或者把你当作一位悲观主义者；你也许不能完成所承担的任务，因为别人认为你不帮助他们，以后他们也不会帮助你。

折中结果：似乎没有人和你疏远；你能完成你所承担的任务；没有特别好或特别坏的事情发生。

2.老板要求你承担新的工作："我想让你承担这个项目。"你说"不"的结果有以下几种。

正面结果：

负面结果：

折中结果：

3.丈夫（或妻子）要求你回答"是"，你说"不"的结果有以下几种。

正面结果：

负面结果：

折中结果：

4.孩子要求得到肯定的答复，你说"不"的结果有以下几种。

正面结果：

负面结果：

折中结果：

5.朋友想和你谈谈你以前听到过的事情，你说"不"的结果有以下几种。

正面结果：

负面结果：

折中结果：

6.同事请你帮忙，你说"不"的结果有以下几种。

正面结果：

负面结果：

折中结果：

7.顾客的要求既现实又容易满足，但是如果你同意这个要求，公司就无利可图。你对顾客的要求说"不"的结果有以下几种。

正面结果：

负面结果：

折中结果：

8.对一个公司不能满足的顾客要求说"不"的结果有以下几种。

正面结果：

负面结果：

折中结果：

9.对一位员工要求提高待遇的要求说"不"的结果有以下几种。

正面结果：

负面结果：

折中结果：

10.对自己特别想尝试新鲜事物的欲望说"不"的结果

有以下几种。

正面结果：

负面结果：

折中结果：

参考答案

2.老板要求你承担新的工作："我想让你承担这个项目。"
你说"不"的结果有以下几种。

正面结果：你完成自己已经计划好的工作，工作量不会
增加。

负面结果：老板对你不满；你的业绩评定级别很低；老板
不再给你新的任务；你可能会失去这份工作；你失去了这份工作。

折中结果：老板表示谅解，让别人承担这个项目；一切
平安无事，工作中的所有关系和位置都没有改变。

3.丈夫（或妻子）要求你回答"是"，你说"不"的结
果有以下几种。

正面结果：你保护了自己的立场。

负面结果：你的丈夫（或妻子）会受到伤害，或感到气
愤；夫妻打架。

折中结果：你的丈夫（或妻子）接受你的回答而未伤任
何感情。

4.孩子要求得到肯定的答复，你说"不"的结果有以下
几种。

正面结果：保护了自己的立场；保护了孩子；保护了你的家庭。

负面结果：孩子受到伤害或生气；孩子挨打。

折中结果：孩子接受你的回答，没有挨打，感情没有受到伤害。

5. 朋友想和你谈谈你以前听到过的事情，你说"不"的结果有以下几种。

正面结果：你保护了自己的时间、精力和情感空间。

负面结果：朋友的感情受到伤害；友谊紧张或破裂。

折中结果：没有发生任何好事或坏事；友谊依旧如故。

6. 同事请你帮忙，你说"不"的结果有以下几种。

正面结果：你保护了自己的时间。

负面结果：你疏远了这个同事；他该完成的计划没有完成，你也负有部分责任；你以后有困难时，这个同事拒绝帮助。

折中结果：同事接受你的回答；友谊没有受到任何伤害；工作继续。

7. 顾客的要求既现实又容易满足，但是如果你同意这个要求，公司就无利可图。你对顾客的要求说"不"的结果有以下几种。

正面结果：你使公司避免受到由刁蛮顾客的不合理的要求而导致的损失。

负面结果：老板、你的团队、顾客将因你拒绝生意而生气。

折中结果：没有导致好的或坏的结果；生意照常。

8. 对一个公司不能满足的顾客要求说"不"的结果有以下几种。

正面结果：你使公司的声誉或财务免受损害。

负面结果：顾客感到不快或生气。

折中结果：所有涉及的关系没有受到任何伤害；你帮顾客找到了另一个卖家。

9. 对一位员工要求提高待遇的要求说"不"的结果有以下几种。

正面结果：你保护了公司的预算；公司不会增加负担。

负面结果：这个员工很生气，最终辞职。

折中结果：和他进行沟通，他表示理解。这个员工继续留在公司工作。

10. 对自己特别想尝试新鲜事物的欲望说"不"的结果有以下几种。

正面结果：你也许使自己避开还不知道如何应付的很危险的事情。

负面结果：你后来因没有尝试而懊恼；你因未尝试新鲜事物而惩罚自己；你失去了生活中的快乐元素。

折中结果：你不是非常热衷做这件事，因此你认可这个决定，生活继续下去。

需要额外考虑的结果如下：

如果你今天说"不"，你会不会再遇到同样的问题。

对任何人在任何时候都说"不"的结果是让别人把你看成悲观主义者，也可能使你的"不"变得毫无意义。

一直都说"不"也可能是不健康行为的表现。如果你认识的某个人从来都不说"是"，你就要考虑是否要为建议他接受心理咨询或精神治疗。

做出一个成功决定的关键在于和你的良师益友或家人认真探讨，利用"说'不'的能力公式"和"说'不'的结果之力量"获取尽可能多的资料，从而做出尽可能好的决定。和生活中的很多事情都一样，如何找到说"是"与说"不"的恰当平衡点是一种挑战，而只有你自己才能决定这个"恰当平衡点"。

能力训练

你所经历的结果

（1）哪些结果曾经鼓励你说"是"？

（2）哪些结果促使你说"不"？

（3）你说"不"时有何感受？

（4）论及说"不"的结果时，你将有何感受？你将做什么？（可以随意写出或画出你的感受的图解。）

（5）论及说"是"的结果时，你将有何感受？你将做什么？（可以随意写出或画出你的感受的图解。）

（6）论及说"也许"的结果时，你将有何感受？你将做什么？（可以随意写出或画出你的感受的图解。）

（7）当你处理对和你有重要关系的人说"不"的结果时，你有何感受？请画出这种感受的图解。

（8）当你处理对同事的要求说"是"的结果时，你有何感受？请画出这种感受的图解。

✖ 有效地说"不"的结果

罗瑞是一位退休的大学教授，作为一名丈夫、父亲和爷爷，他分享了在合适的时机说"不"的伦理道德方面的经历。他的故事说明，做决定时不但要考虑其结果，而且要考虑在对我们至关重要的人或事方面投入时间的道德层面的问题。

罗瑞说，同意做本应该拒绝的事情将造成进退两难的局面。如果我能够帮助别人，我的性格总是让我倾向于说"是"。不管在哪里，我天生扮演解决方案的提供者，而不是问题的提出者。我身体很好，而且我有坚定的职业道德规范。因此，我认为自己是可以提供帮助者。但是如果我同意做的事情太多，那我就必须付出代价。我可以少睡点觉，可以加倍努力、提高速度，也可以不去锻炼、不去旅游等。但是这并不一定是我付出努力得到回报的唯一方式。

有时我的家人和朋友也要付出代价。比如说，今晚我去给某大学的一个研究生小组演讲，我付出了努力（没有报酬）。当然，我得到了满足感和掌声。但是，在完成了一周辛苦的工作后，我的老伴今晚就孤单一人在家了。在我回来之前，她也许无事可做已经上床睡觉了。而且，因为我今天要准备这个演讲，我就不能去看孙子了。有时，有些需要我帮助的人给我报酬，因为他们觉得我承受的太多了。他们也许没有注意到，但是我会注意到我是否只剩了一半力气或只准备了一半。我本应该说"不"，我却说了"是"，看起来好像很了不起似的。但是，我们都会为自己的决定付出代价。

　　这个故事说明，很多后果或"所付出的代价"均取决于为其所做的每个决定，以及在任何特定的一天所做出的一系列的决定。

能力训练

　　考虑结果

　　（1）你在何种情况下想说"不"？

　　（2）在这些情况下说"不"的可能结果是什么？

　　（3）你如何处理这些结果？

　　（4）你仍然想说"不"？你如何说"不"？

　　（5）如果你认为"是"是最佳答案，那么你如何减少对自己的压力？

　　（6）你做过什么决定使你和他人都付出了代价？发生了

什么事？

（7）从现在起，当你做决定时，你将采取什么不同的方法？

✖ 他人的意愿和自己的意愿

孟涵是一个公司的资源回收部经理，他回顾了自己做决策的方法："对别人特别是我熟悉的或经常打交道的人说'不'时，我和其他人一样不自在。"但是，约翰同时也找到了一种有效地说"不"的策略。他的策略不但充满真诚，而且适合本章主题——说"不"的道德规范。

（1）我全部听完他们的请求而不表示出任何答复的意思。

（2）我告诉他们我需要确定我目前的工作日程。

（3）然后根据其他的承诺、预约等，我认真考虑我能回答"是"还是"不"。

（4）通过采取这种方法，我发现回答他们容易得多，即使我当时或晚些时候才能做出决定，也不会引起折磨人的压力。

（5）因此，如果我不能对他们的请求说"是"，我可以没有任何负担地对他们说"不"。

哪一种决策方法适合你？说"不"的能力、说"不"的结果、说"不"的正直等因素都有助于做出恰当的决策，因为"不"有不赞同、否定、否认和拒绝等意思。当有人对我们说"不"时，我们也容易否定自己。

在工作场所，因为我们要保住自己的工作、得到别人的赏识和认可，所以做好一个平衡而合理的决定是一项挑战。挑战包括你的老板、你的同事，以及你的员工可能不同意你的决定。而且，在工作场所说"不"的麻烦在于，说"不"将被当作拒绝与团队共事或不愿为领导工作的表示。另一方面，说"不"可显示一个人独立思考的能力和勇气，可以使人成为优秀的团队成员。此外，一个决定还有正面或负面的结果和评价。

在合适的时机没有说"不"也有其道德和伦理意义。记得刘宁关于她的邻居王倩的故事吗？刘宁的勇气和道德力量促使她为保护他人采取行动。如果刘宁不能拒绝这种不健康的行为，就会对王倩个人和家庭产生负面影响。如果你因未能说"不"而被迫失去正直或导致别人认为你不诚实，未能说"不"就能引起伤害。

✖ 说"不"的策略

你一旦遇到类似"说'不'的策略"的话语里的情形，你就可以参考你的"策略"。"说'不'的策略"的话语不但能使你快速做出决定，而且使你继续为更多、更复杂的决定做好准备。

"说'不'的策略"由指导你做决定的原则、价值观和规则构成。不明确哪些事情对你重要，你就容易对一切事情说"是"。没有对要说"不"而不必考虑如何回答的事情的投入，将使你在那些一旦做出就成为指导原则的决定上不断浪费时间。例如，如果你认为无缘无故伤害别人是错误的，那么，当有人要求你无缘无故伤害别人时，你就可以不假思索地回答"不"。

　　你也可以做出以下说"不"的决定："我们不在家时，你不能留任何人过夜。"或者，"没有我的许可，你不能开车。"或者，"你必须晚上10点钟之前到家，否则要做出合理的解释。"对自己，你必须有这样的原则："公益活动所占用的时间不能超过我所有时间的1/10。"对于一个到你家门口卖东西的孩子，你"说'不'的策略"可以是："你家在附近吗？我只买住在这里的孩子的东西。"这些指导性的句子可以成为你"说'不'的策略"的话语。

能力训练

说"不"的策略

　　请列举最重要的10句"说'不'的策略"的话语，包括保护你的安全、孩子的安全及你的工作福利的话语。

　　现在请找出你"说'不'的策略"的话语中最常用的几句话。

✖ "不"的妙用

销售员说允许甚至授权客户说"不"也是一个重要的销售秘诀。鼓励客户说"不"的一个基本原理就是和客户建立信任、诚实和联系。在销售过程中，如果客户可以和我们说"不"并且继续和我们沟通，我们就能和客户建立联系。有时，"不"是销售交谈中最好的回答。乐意接受客户的"不"说明你尊重客户做决定的权利。在销售过程中要保持真诚，熟悉自己能提供什么可以克服反对意见，了解哪些信息和哪些表示"不"的回答使你放弃销售，等待更适宜的时机或等待更适合的客户。问问自己，客户的愿望或最大兴趣是否得到了满足。

说"不"的另一种非同寻常的重要形式是放弃取悦他人的假面孔，表现真正的自己。如果你心里说："不要再戴假面具，是我表现真正自我的时候了。"你的举止就会转变并指导你应该对什么说出"不"，比如对你自己真实也是一种说"是"的形式："是，我准备好表现真我了。"

能力训练

对自己真实

（1）哪些人迫使你担当你不愿意担当的角色？

（2）你如何对真正的自己说"是"，对你在上一题中所列出的人说"不"？

（3）当你说服自己按照不符合真正自己的身份行事时，你如何对真正的自己说"是"？

✖ 建立联系，想说"不"时别说"行"

在本章结束之前，让我们来看一看"不"的主人、犹豫不决者以及唯唯诺诺者和以上关于"不"的道德规范和正直问题的讨论之间的联系。这3种说"不"的方式用了不同的话语传达决定。本书以下3章将讨论说"不""或许""是"可能使用的话语。在这里，首先探讨一下这些说"不"的方式表现了多少尊敬和正直。

在很大程度上，"不"的主人遵守道德规范，因为这是其定义的部分内涵——在恰当的时机说"不"。但是，说"不"者如此依赖说"不"以至"不"可能成为他们唯一的回答。如果发生这种情况，那么他们就失去了做决定的道德规范和对决定的尊重。因此，他们需要复习"说'不'的能力公式"以再次改进决策过程。

犹豫不决者往往逃避做决定。他们这种做法不符合做决定的道德规范，因为它会导致别人误认为你在说"是"，而事实上你并没有说"是"。如果犹豫不决者不给等待答复的人提供答案，而别人正在等待你做这个决定，他们的这些做法其实是不符合道德规范的。另一方面，那些犹豫不决者只在口头上符合伦理道德："我调查一下，然后再给你回复。"

唯唯诺诺者相信生活中一切都好："我乐意帮忙。""我没有恶意。"这些话语看似真诚，但是唯唯诺诺者的承诺通常是虚假的，因为他们并不一定能做完他们所承诺的事情。做虚假的承诺是不道德的行为。

我们都经常做出不好的决定。有时，我们陷入以自我为中心的思维，如贪婪，而且我们不能做出自认为最好的决定。有时，我们所做的决定不像我们所想象的那样完美。关键在于，利用"说'不'的能力公式"获得尽可能多的信息，做出尽可能好的决定（"是"或"不"）。有时，即使我们在任何时候都做出了尽可能好的决定，事情的结果仍可能出乎意料，或者不是我们所希望的。如果发生这种情况，请找出问题出在哪里，做完决定之后发生了什么，哪些人引起了事情的变化，并决定下次采取什么不同的方法。不要让自己受到干扰，继续你的生活。你已经尽你所能做出了尽可能好的决定，所以你要继续做出尽可能好的决定，继续努力向前。

· 本章概要 ·

口是心非比不假思索就说"不"更恶劣。在价值观、信仰、界线以及"说'不'的策略"的话语的基础上说"不"很有效。无论是配偶、孩子、同事、朋友还是上司提出的请求，对自己真实才是对这些请求说"是"或"不"的基础。

最后要说明的是，道德规范是"说'不'的能力公式"的一部分，因为"权利和责任"这一节讨论的是道德规范问题。所以，要清楚你的权利、公司的政策、你家的家规，坚决果断，坚持到底。

第 5 章

成功说"不"，
由你自己掌控

要 点 预 览

1.学习说"不"。

2.适用说"不"的话语。

3.发现你说"不"的个性话语。

4.完成你说"不"的策略。

本章学习的重点是在选择最合适的说"不"的话语后大声说出"不",因为别人不会听到你心里说"不"的愿望。大声说出"不"是说"不"过程的另一半。很多人认为他们说"不"时就是对某个人说"不"或者拒绝他本人。但说"不"的行为实际上只针对问题、过程、举止、行动、责任或者原则,而不是某个人。

✖ 说"不"的核心能力是精准表达内心

在成为外部客观行为之前,说"不"是一种内在主观经验。首先你思考如何说"不",你说服自己为什么及是否应该说"不"。当有大声说出"不"的机会时,你希望自己说"不"。想说"不"的意图和欲望不断增强,直到你想一吐为快。

有些人内心的声音用以下方式说"不":"不,我将不让你伤害我。不,我不能再忍受了。不,事情不一定如此。"问题在于,即使你的内心决定说"不",你也不是总能大声说出"不"并且让别人听到。

为什么是这样呢?由于种种原因,你内部的"不"(说"不"的主观愿望)与外部的"不"(大声说出"不"的客观行为)总是不能协调一致。例如,当你不想给别人留下差的印象时,你会说"是"——尽管你想说"不"。当你想要某人喜欢你时,你也会说"是"——尽管你想说"不"。小孩在想要说"不"时说"是",

这样他们就能交到朋友。当你疲倦并且没有足够的精力说"不"时，你会说"是"。如此种种，不胜枚举。

决定说"不"既是内部经验又是外部经验。在很多情况下，你都有时间停下来仔细思考一下说"不"是否是最好的回答。令人感到欣慰的是，在很多场合，你都有时间仔细思考如何说"不"，你的直觉使你做出这样的回答，并且你知道"不"是最恰当的回答。关键在于，如果你觉得而且知道说"不"是合适的，那么就请你说出"不"。当你感到危险时，请说"不"。倾听自己内心的声音，相信自己的决定是最好的。不要劝说自己说"是"。你并非一定总是和蔼友善，当你受到威胁时，就是你说"不"的紧迫时刻。

如果你想说"不"，但感到不能或者不愿说"不"，那么就要问自己为什么。是因为你害怕说"不"会留下不好的印象？是因为你不想因为说"不"而感到患得患失？是因为你不确信说"不"所引发的结果？还是因为他人使你感到烦闷？请专注于协调你内心的想法和你将大声说出的话。

请思考下列关于说"不"的标志、事例和话语。

"谢绝推销。"这是一家公司贴在门上的标志。贴这些标志的人想告诉人们，他们对什么人说"不"。你对于你将听到的和你将拒之门外的东西有多清楚？

李胜雷在一家便利店做熟食柜台的服务员。一个繁忙的午餐时间，柜台的另一边有位顾客一边踱步一边自言自语，声音大到足以让其他顾客听到他的咒骂声。他好像在和全世界的人生气似的，并且告诉每个人他不开心。他的同事必须去厨房的冰箱拿他要买的东西。当他离开柜台时，这位顾客的愤怒行为开始针对其他的同事。这时其他顾客开始感到惊恐不安，并且想远离他。看到了这一切，李胜雷心里想："这样不行，我要劝一劝。"尽管他也知道"顾客总是对的"。因此，他直接瞪着那位顾客，清楚、坚定、相当高声地说："先生，她已经去拿你要的东西了。她正尽力满足你的需要并且马上拿来你需要的东西。"他没有大声说出："不，先生，你的行为不可忍受。"但他大声说出的那些话足以对这位顾客表明他的行为不可忍受。这位顾客顿时安静下来，从拿走他买的东西到离开熟食区，一句话也没有说。一位一直排队等待的顾客亲眼看见了刚才的一幕。当轮到李胜雷为她服务时，她说："谢谢你对他说了那些话。我不知道他会怎么做，并且我不知道说什么。"

这个案例证明了什么。第一，顾客不一定总是对的，但也不应该必须对顾客说"不"或者形成彼此对抗的局面。第二，作为服务人员，我们必须为我们所服务的人设定一个标准。第三，一般来说，看到卑鄙或蛮横的行为人们会选择沉默；因此，如果有人大声制止时，人们就会高兴地欢呼或者说谢谢。

这件事说明，我们能通过有效、清楚、客气的方式说"不"来保护我们自己（在熟食店柜台后面的同事）、他人（其他的顾客）、老板（避免顾客的投诉或更糟糕的事情），以及我们老板的品牌。

使内心的"不"和外部的"不"协调一致

（1）你何时想到过"不，这样不行"，并且说出"不"来加强改进你的行为？

（2）你说了什么？

（3）有人表示赞赏吗？是什么人？

（4）你感觉怎么样？

✖ 健康的自我交谈

那些明确设定界线且能够保护自己的人之所以采取自我交谈这种做法，是因为他们能使自己内心的自我交谈与说出的"不"相符合。

健康的自我交谈能帮助人们把内在主观愿望的"不"变成客观外在的"不"。请把下列话语用在你的健康的自我交谈中。

不，我不想成为一名受害者。

不，我总有别的办法。

不，我不喜欢它。

不，我不会再听讨厌的玩笑。

不，我不会继续为不值得做的事情忙碌。

不，我不会让自己为此人和此事奔波。

说"不"的自我交谈

（1）你使用什么话语教会自己说"不"？

（2）你为什么需要更有效地说"不"？

（3）你最喜欢用什么话语说"不"？

（4）你将开始使用什么话语说"不"？

（5）自我交谈、反思：和你讲话的人理解你吗？

✖ 说出你的观点，展示你的态度

说"不"是一种自我保护，一种反对不公平的立场，一种自由之举。"不"的主人说的"不"就是"不"。他们了解说"不"的结果，并且已经肯定说"不"是最好的、符合道德的事情。

想象你如何说"不"。如果你不能想象自己如何说"不"，那么你几乎没有说"不"的能力。思考你想对谁说"不"，想象一下这个人的模样及你与他交往的情形。下列问题决定你将怎样说"不"，而且说到做到。

（1）什么激励你说"不"？

（2）你期望什么？你为什么想说"不"？

（3）你准备应对什么结果？

（4）你的站姿如何，坐姿如何？

（5）你的脸色如何？

（6）你将使用什么语气？

（7）你将怎样应对别人对你说"不"的回答？

（8）你想在什么场合说"不"？

（9）听一听你将怎样说"不"。

现在，请大声说出"不"！如果你发现自己说出"不"时的声音不大而且毫无意义，就请回答下面的问题。这些问题可以帮助你练习如何大声地、有意义地说"不"。

（1）你想每周工作 50 个小时吗？

（2）你想得到少于你应该得到的报酬吗？

（3）你想吃到撑破肚皮吗？

（4）你想卷入一次致命的车祸吗？

能力训练

学习大声地说出"不"（在镜子前练习）

（1）闭上眼睛，默默对自己说 5 次"不"。

（2）睁开双眼，对自己说 5 次"不"。

（3）闭上眼睛，大声地说出 5 次"不"。

（4）睁开双眼，大声地说出 5 次"不"。

（5）用 5 种不同的面部表情大声地说出"不"。

✖ 构造真正说"不"的话语

你想要说"不"并不意味着他人能听到你说"不"。你回答的第一个字就要用"不"，然后再说一个支持你的"不"的句子。如果你想造一个意思是"不"的句子，你就要对下列"说'不'的能力公式"问题回答"是"。

目的： "不"这个字是否出现在句首？

选择： 你是否知道你没有别的选择和办法？

时间： 这个句子能够持续多长时间来清楚表明你的"不"的意思？

情绪： 你承认你所要说的有效吗？

权利： 你考虑过说"不"的权利、责任、可能的对策及结果吗？

如果你不能对全部 5 个问题说"是"，你就可能使自己处于一个犹豫不决的立场，而且他人会认为你没有做出决定或者在说"是"。

你还要思考并想象下面的几个问题，以便当你想要说"不"时，你的大脑、内心和身体都能做好准备。其实"不"的主人已经知道如何做了。

◎描述一下当你说"不"时你希望发生的事情。

◎再描述一下在你说"不"之后发生的事情。

◎你将怎样放松并有趣地说"不"（而不会引起他人的痛苦）？

确信你说"不"的能力。专注于你所能做的事情，对其余的事情说"不"。

如果你决定"不"是最合适、最好、最安全、最道德的答案，那么就请说"不"。并根据当时的情况，大声地说出你的回答。

通过本书第 10 页"说'不'的能力自我测试"，你能专注于你在说"不"时所选用的话语。"不"的主人经常按以下的方式说"不"，其中，题目号表明每个句子来自哪项测试题。这些说"不"的句子的意思已经很清楚。不过，它们能变成更清楚的表示"不"的句子。

1. "不。"这是一个完整的意思表达。

6. "免谈。"这句话带着个人感情，没有商量的余地。

7. "不，谢谢。"一种清楚而彬彬有礼地说"不"的方法。

10. "你不懂哪一部分'不'的意思？"这个问题带着几分气愤，并且可能把听者弄糊涂。一种更清楚地表达这个意思的方法是：不。

13. "我的日程表根本不允许我承担别的工作。"这个句子中表达"不"的部分是："根本不允许我承担别的工作。"把"不"放在句首就能更清楚地表达"不"。其他的办法还有："不，我的日程表根本不允许我承担别的工作。"或者，"不，我的时间表不允许。"

16. "我根本不愿去做那件事。"然后，把"不"放在句首就能更清楚地表达"不"。另一种更清楚的方式："不，我不愿意。"

19. "不行，不要做那件事。"作为一种直接的自我保护，这句话本身意思就很清楚。

如第 13 题指出，请把"不"放在你回答的句首。你越把"不"字放在后面，你越可能失去你所要表达的意思。而且一个没有表达出的"不"字能使你的回答变成"或许"或"是"。

　　再次练习说"不"

　　练习大声地说出"不"的另一种方法是对你不认识的人说"不"。下次你遇到下列情形之一，就可以练习说"不"。

　　（1）在你家门前卖东西的人。

　　（2）问你是否想等待的接待员。

　　（3）问你是否有时间的市场调查员。

　　（4）想为他们的市场开发部要你的电话号码的商店营业员。

　　（5）想以一天 150 元的价格租给您一辆汽车的汽车租赁代理人。

　　（6）当你面对面和某人交谈时，接听你的手机。

✖ 说"不"的常用话语

　　一旦使用下列短语，你就必须坚持到底。否则，你说的"不"就会全部失效，你也就会立即变成犹豫不决者。阅读有关"不"

的清单和与之有关的含义，标出你决定对某人大声说出"不"时将使用的话。

"不。"——不要辩解或者解释，我的意思是"不"。

"不，谢谢。"——带着对你和你的请求的尊重，我告诉你"不"。

"不，没门儿。"——说明不论你要求什么都永远不会发生。

"不，我没有办法。"——说明我不能做你需要我帮助的事情。

"不——行。"——这是经常对孩子说的话，你在表示不同意。

"不（大叫）。"——这是保护性的"不"。

"不（坚定地）。"——这是不可商量的"不"。

"不（好像从你的内心深处发出的）。"——这个"不"说明我关心你问我的问题，而且我的回答是"不"。

"免谈。"——说明你的请求不值得我重视。

"绝对不。"——说明你没有选择，你的请求将不被准许。

"反对。"——我曾经是军人，并且告诉你"不"。

以下说"不"的方式是为了保护你自己或他人。

不，滚开。

不，不要碰我。

不，不要靠近我。

不，不要让你的狗过来。

不，不要让你的猫过来。

不，只看别动。

不，不要进去，太热了。

不，后退。

不，现在离开。

常见的说"不"的标志提醒我们说"不"是日常生活中合理的重要组成部分，也是使一个社区尽可能安全和容易管理的重要组成部分。在许多地方都可以看见这些标志：在工作场所、社区、私人财产上，以及在公共财产上。最近你看到过下列哪个标志？哪个设在你家附近？哪个设在你的工作场所？哪个设在水池边或在学校里？

谢绝推销。

禁止吸烟。

衣冠不整者禁止入内。

不要乱跑。

禁止游泳。

禁止潜水。

禁止钓鱼。

禁止践踏。

禁止打猎。

不要乱扔垃圾。

禁止自行车通行。

禁止机动车通行。

社会和家庭场合

我们在公司所选用的说"不"的话语不总是和我们在家使用的说"不"的话语相同，反之亦然。在家有用的话语不一定适合工作场合。下列短语适用于家庭成员或朋友。

不，那没有顾及你的最大利益。

不，那没有顾及我们的最大利益。

不，我不准备看电影。

不，他不能去跳舞。

不，她不能待在外面超过晚上 10 点。

不，我太累了。

不，我的状态不好。

不，我们不需要。

不，我们没有钱买那件东西。

不，我不想给你买那件东西。

不，把它放回原处。

不，请勿触摸。

够了，我说过"不行"。

不。

不，我不喝酒。

不，我不吸烟。

不就是不。

✖ 说"不"的个性话语

你要基于你自己的性格、你的生活经验，以及你对情况和结果的理解说"不"。"说'不'的能力公式"可以帮助你明确情况。对正面、负面及折中结果的考虑可能给你指明不同的方向。并且，你的生活经验总是在表现和影响你怎样对人和情况做出回答。

你的性格和情绪也影响你说"不"的方式。你彬彬有礼地说"不"和气愤地说"不"感觉截然不同，感到安全时说"不"和感到危险时说"不"也不一样。因此，带着不同的情绪，你回答的语气也就不同。并且在相同的情况下，你的回答和他的回答听起来也有区别，因为我们没有相同的生活经历和性格。

情绪影响语气和身体语言，同时影响你说"不"的被接受效果。姿态是你说话时所采取的态度、行为、口吻，以及目光接触等。每一种说"不"的个性话语都有相对应的说"不"的姿态。

下面是怎样区分说"不"的个性话语的方法。首先列举说"不"的个性话语的不同风格，随后用简短的描述和例子说明每一种说"不"的个性话语。每种说"不"的个性话语之后也列举了相对应的说"不"的姿态。

直接坦率。你说"不"时，言简意赅，不留商量的余地："不。"说"不"的姿态：直接说"不"者坚定、充满自信、声音洪亮。直接坦率地说"不"的姿态包含一种平和的口吻和直接的目光接触。

闪烁其词。你的意思是"不"，但是你的话通常把你变成一个犹豫不决者："我认为我不能。"或者更糟糕，你说了"是"，但不能贯彻到底，因为你从未打算这样做。说"不"的姿态：闪烁其词地说"不"者焦躁不安、声音微弱，别人几乎听不清楚。因为其声音不大，说话犹豫，眼神不定，所以他们听起来、看起来都像犹豫不决者。

彬彬有礼。你使用坚定、礼貌、客气的话说"不"，体谅和尊重提出请求者及请求："不，谢谢你。"说"不"的姿态：彬彬有礼的说"不"者和蔼、有礼貌、充满自信、语气温和、体谅他人。

讲究细节。你知道你为什么说"不"，因此你在进行你的回答时讲究细节："不，我不准备承担这项工作，因为我现在的工作已经落后了。"说"不"的姿态：讲究细节者保持中立，理由充分，用细节支持决定，声音洪亮，使用不同的口吻和气力。

激励鼓舞。你轻松自如地说"不"，而不会让他人感到伤害或者冒犯："谢谢你想起我。不，我对于这项计划没有热情，因此我不参加。"说"不"的姿态：激励鼓舞者充满自信、体谅他人、轻松自如、声音洪亮、口吻平和。

贪婪自私。你把"不"当作一种控制他人的方法。当他人听到你说"不"时，他们好像感到受到你的冒犯或伤害："不，你别妄想了，你知道不能那样做。不，我不会帮助你重新做。"说"不"的姿态：贪婪自私者态度强硬、面目可憎、声音刺耳、思想散漫，喜欢支配别人，有时只顾自己，口吻富于变化，常常提高音调。

回到前面论述过的 3 种不同技能水平的说"不"的方式：说"不"者、犹豫不决者、唯唯诺诺者。随着你对这些方式及做决定所用的话语和工具的深入理解，这本书的语言将变得更好记、更好用。说"不"的个性话语和这 3 种说"不"的方式有如下关系。

◎直接坦率者、彬彬有礼者、讲究细节者、激励鼓舞者都是称职的说"不"者。

◎贪婪自私者是口出恶语的"不"的主人。

◎闪烁其词者是犹豫不决者或唯唯诺诺者。

下面是 6 位说"不"者的真实事例，这些事例表明了他们说"不"的个性话语。阅读这些故事，看看你是否能区分他们所表现出的个别或混合的说"不"的个性话语。

李静妮

李静妮已经退休，她曾是一位研究人际沟通与交往的专家。她讲了她如何学会保护时间和说"不"的故事。

我是 A 型血的人，我总认为自己能再多做一件事情，直到我被诊断出患有乳腺癌。最后，我有了一个合适的说"不"的理由。我觉得我总有用不完的力量，但是我从未使用过。有一位经理曾经说，当他必须在困难的情况下说"不"时，他的下属都看着他并且期望他改变主意。然后他回答："你们不懂哪一部分'不'的意思？"这成为员工们茶余饭后的笑料。当我们中的一位说"不"时，我们会看看彼此，学着说："你们不懂哪一部分'不'的意思？"

作为直接坦率地说"不"的人,李静妮断定:"有时你甚至不需要有一个说'不'的理由。能说'不'是你的权利——你不必制造一个理由。一旦你已经决定说'不',就说出来,并且坚持下去。"

赵雷

如果你清楚说"不"的理由,而且有明确的说"不"的策略话语,那么坚持你的回答就不是什么难题。赵雷是商场停车场的一位保安,他说了下面的故事。

一位商场老板的亲戚经常来这里购物。按照商场的规定,车是不能停在安全出口的。但这位亲戚每次来都执意要停在那里。有人打电话要求我给这位亲戚通融一下。我说:"规章不允许,我是规章的主要实施者。不行。"这位亲戚说:"前几个任职的保安都允许我这样停。"我说:"那不关我的事。我所关心的事是按规章办事,这里为了安全是绝对不能停车的。"

赵雷先生在这个故事里的说"不"的个性话语是直接坦率的。

徐康

徐康杂志社的编辑,他说:"我的几个孩子小的时候,孩子想做一些我和妻子禁止的事情,我们就会说:'我们非常爱你们,但是我们不能让你们做。'这样说很有效(或许只对父母而言)。"徐康说"不"的个性话语是彬彬有礼、直接坦率的。

徐康的另一个故事是关于一个可怕的推销电话。"当我不打算向一个慈善机构提供捐赠时,我告诉他们:'我承认你们的事业很伟大，我现在把孩子的教育、抚养、健康放在首位，但不包括你们的慈善机构。'"徐康说得既彬彬有礼又讲究细节。

现在把"说'不'的能力公式"应用于徐康对电话推销说"不"的话语中。他说"不"的目的是友好而坚定地拒绝向慈善事业捐赠。徐康的选项是她支持的事项。徐康选择的时间或期限是不确定的"现在"。情绪联系是双重的。首先，徐康表示"承认你们的事业很伟大"。其次，显然徐康把这 3 个原因放在了"首位"。"说'不'的能力公式"的权利和责任是徐康清楚他所支持的事项在目前看是最紧要的，并且能不假思索地说出来。换句话说，对于谁有权要求或期望他捐钱给他们的事业，他的脑海已经形成了自己的原则。

汪琳

汪琳是一家广告公司的业务部经理，她说了下面的故事。我仿照我在商务写作技能培训班所接受的训练写了一篇说"不"的文章，并将它命名为《如何说"不"而不会导致曲解》。在文章的开头，我引用了一位朋友多年以前告诉我的一个故事。在他上大一时，他是第一次离开家。他特别想家，盼望家人的每一封来信，包括 7 岁的妹妹的来信。有一天，他情绪特别低落，但是当他在信箱里看见一封妹妹的来信时，就高兴起来。信中写道："哥，'快乐的脚趾'死了，我还想再养一只猫。"——"快乐的脚趾"是他们家的猫。

在传达坏消息或者说"不"时，不能使用"'快乐的脚趾'死了"

的方式。太残忍了！我通常先用一两句话总结一下我目前的工作、生活或其他方面的状况："如你所知……"然后，我再增加一些利于我说"不"的复杂因素（如任务太多、时间不合适、不是合适的人选等）。最后，我就干脆说："不，真的抱歉，不行。"

在这个故事里，汪琳说"不"的个性话语是讲究细节和彬彬有礼的结合。

肖新丽

曾经担任公司主管、公司所有人和商业发展顾问的肖新丽在工作中经常这样说："即使你完成了所有目标，我今年也不能批准给你加薪，因为我们今年没有钱给任何人增加工资。我对你今年达成某项合同非常满意，这反映在你的绩效考核上。你是我们团队中不可或缺的一员，我希望你选择和我们在一起。"

在这个例子里，肖新丽综合使用了直接坦率和激励鼓舞的说"不"的个性话语。肖新丽接着说："我能否成功地说'不'也要因人而定。一位不请自来的朋友经常忽视我温和的'不'，并且即使我表示抗议，她也一点儿不退让。因此，我的'不'变得简短而生硬。直到我说：'在你没有破坏你的拜访之前，请马上离开。'"肖新丽最后的回答直接坦率，接近下逐客令，因为在她描述的情况里，她非常恼怒，她不但想要重新控制"拜访"，而且想要恢复"拜访"的平衡。

李炜

李炜曾是一名公司的主管和董事，他说了下面的故事。

我已经拒绝了董事会让我在11月1日之后继续担当董事的决定。我已经做了7年的董事，该说"不当"了。回顾过去，我发现我的工作效率低下，有点徒劳无益。因此，我应该对我的核心计划和生意说"是"。相信我，这个"不"不但难以出口，而且他人也不愿意听到。

李炜既讲究细节又直接坦率。他不但说明了说"不"的原因，而且给他的"不"设置了具体的生效时间。

能力训练

你的说"不"的个性话语

你最倾向于使用什么说"不"的个性话语？这些话语对你有效吗？你确信吗？你可以综合使用说"不"的个性话语表达你的意思，保护你与说"不"的对象之间的关系。

（1）你说"不"的个性话语是什么？

（2）你的老板说"不"的个性话语是什么？

（3）你怎样使用"说'不'的能力公式"提高讨论和解决问题的效率？

（4）你的配偶说"不"的个性话语是什么？

（5）你怎样在家更好地驾驭谈话？

（6）你最好的朋友说"不"的个性话语是什么？

（7）当你成为"不"的主人时，你们双方如何互相支持？

你说"不"的姿态

说"不"的身体姿势会影响他人是否认真对待你的回答。你说"不"时的站姿、坐姿、表情、话语和手势也会影响他人。

（1）当你说"不"时，你的脸色如何？

（2）你采取什么身体姿势传达自己说的"不"并且是认真的？

（3）你将采用什么语调表明自己是严肃认真的而不是在威胁他人？

（4）在下列情况下，你将采用什么语调表明自己是严肃认真的而不是在威胁他人？

用"不"保护你或孩子的安全：

对会议说"不"：

对工作说"不"：

对邀请说"不"：

（5）你的典型的说"不"的姿态是什么？

✖ 个性话语影响他人对拒绝的理解

你在哪些场合认识到自己在使用说"不"的个性话语？这非常值得思考，因为各种说"不"的个性话语都有不同之处。他人将采用以下方式看待你说"不"的个性话语：正面、负面和折中的理解。

直接坦率

正面理解：你坚决果断。

负面理解：你粗鲁无礼。或者，我不能确信你在做决定之前是否把我的话听完了。

折中理解：你明白，我也明白。

闪烁其词

正面理解：你人不错。

负面理解：你没给我一个回答，我不信任你给我的回答。或者，你为什么总是编造理由？

折中理解：我感觉（或者看见）事情就是像你这么做的。

彬彬有礼

正面理解：你人好、友善、考虑周全。

负面理解：你对我过于好，我不能确信我相信你。

折中理解：我感激你的回答。

讲究细节

正面理解：我知道你为什么做出这样的决定。

负面理解：你琐碎的细节使我不知所云。

折中理解：我也可能会分享相似的消息。

激励鼓舞

正面理解：听到你说不，我感觉还不错。

负面理解：你为什么总是如此的愉快和乐观？

折中理解：谢谢指教和你提供的选择。

贪婪自私

正面理解：没有。

负面理解：你人品很差。或者，你在冒犯我。

折中理解：我感觉（或者看见）事情就是像你这么做的。

✖ 跟着练，打造自己的语言标签

你可能在工作场所、在公共活动中，或有时在家庭谈话中会听到下面的这些话。你听到过其中的哪些话？你使用过其中的哪些话？

不，我没有权利。（闪烁其词）

不，我没有时间做这项计划。（直接坦率）

不，我没有时间为你做这件事。（直接坦率）

不，我们部门不能经销这种产品。（既闪烁其词又贪婪自私，因为有人制定了规章实施管制，然而这种态度在给客户提供服务时是无用的。）

下列陈述可能变成"不"或者"或许"。如果你真的不能得到这些句子，你就在说"不"。不过，如果你有可能得到所请求的东西，你就是在说"或许"。

我们没有时间完成这项计划。（讲究细节）

我们没有人员完成这项计划。（讲究细节）

我们没有预算完成这项计划。（讲究细节）

我们没有能力完成这项计划。（讲究细节）

我们没有设备完成这项计划。（讲究细节）

我们没有接受过训练的员工完成这项计划。（讲究细节）

没有钱。（直接坦率）

没有预算。（直接坦率）

没有现金收支。（既直接坦率又讲究细节）

没有权利。（直接坦率）

员工没有时间可用。（既直接坦率又讲究细节）

某些"纯商务"、非常正式的说"不"的方式可以在以下场合听到：工作场所、董事会或者股东会议。

那项计划被投票否决。（直接坦率）

投票失败。（直接坦率）

我们没有达成协议。（闪烁其词，因为我们仍然不知道达成什么决定。）

我们没有达到法定人数。（闪烁其词，因为我们不知道下一步将会发生什么。）

请求已经被否决。（直接坦率）

命令被取消。（直接坦率）

请求被拒绝。（直接坦率）

以下句子有益于对计划说"不"，或者代表他人说"不"，从而保护他们的时间。

不，她不会参加那个计划。（直接坦率）

不，他没有你需要的技能。（直接坦率）

不，他们没有时间。（直接坦率）

不，我不能给他们组安排时间，他们已经有了任务。（既直接坦率又讲究细节）

不要更多的计划。（直接坦率）

讨论结束。（直接坦率）

驳回。（直接坦率）

那种选择不值得考虑。（直接坦率）

那种选择被排除。（直接坦率）

放弃这项计划。（直接坦率）

不，我不知道答案。（直接坦率）

薛米是一位优秀的职业女性，她说了她最喜爱的说"不"的方法之一："不，鉴于我在其他时间有很多任务，现在我不能帮助你，不然，对你的计划很不公平。"显然，薛米是一位讲究细节者。跟她一起共事的同事说："她在说'不'时经常提供一种选择。例如，'不，我在那时不能与你见面（我已经和别人约好吃午餐），明天怎么样？'或者'不，我不喜欢早晨6点沿着小路跑步（光线太暗我看不见），我们沿着高尔夫球场跑怎么样？'"她说"不"的个性话语是直接坦率和激励鼓舞的结合，因为她首先直接说"不"，其次她对她的回答十分自信，知道她想做什么，并且会提供一种适合的选择。

能力训练

鉴别说"不"的个性话语

第 1 部分

现在轮到你做练习了。阅读下面的句子，确定每个句子所用的说"不"的个性话语。写出你不但看过并且听过的下列每个句子中的说"不"的个性话语。

（1）我真的想，但是我不能。

（2）不，我今晚不去看比赛。

（3）不，这对我来说是个很难的决定。我仔细想过，我白天没有足够的时间承担这项计划。

（4）不，我不参加，感谢你的邀请。

（5）不，你自己不能做。我必须帮助你以正确的方式完成。

（6）不，我还没起床。周末怎么样？

（7）不，你不能把这项计划自己全包了，我想要一些。

（8）我不真正想要。

（9）不，我们没有办法做这项计划。

（10）不，我们不参加聚会。我们已经答应参加足球比赛了。

（11）不，感激你的需要，但是今年我不想再承担其他任务。

（12）不，现在我不想谈论，15分钟后给你回话，行吗？

（13）不。

（14）不，我没有钱买。

参考答案

每个句子都对应一种说"不"的个性话语，如果有更好的答案就附在句子后面。

（1）我真的想，但是我不能。（闪烁其词）更直接的方式是：不。我想，但是我今天不能。

（2）不，我今晚不去看比赛。（直接坦率）

（3）不，这对我来说是个很难的决定。我仔细想过，我白天没有足够的时间承担这项计划。（讲究细节）

（4）不，我不参加，感谢你的邀请。（彬彬有礼）

（5）不，你自己不能做。我必须帮助你以正确的方式完成。（贪婪自私）直接坦率和彬彬有礼的方式：不，我建议不要那样做。用这种方法试试怎么样……

（6）不，我还没起床。周末怎么样？（激励鼓舞）

（7）不，你不能把这项计划自己全包了，我想要一些。（贪婪自私）直接坦率者和彬彬有礼者会用以下方式：你可以和我共享吗？

（8）我不是真想要。（闪烁其词）更直接的方式是：不，我不想要。

（9）不，我们没有办法做这项计划。（直接坦率）

（10）不，我们不参加聚会。我们已经答应参加足球比赛了。（讲究细节）

（11）不，感激你的需要，但是今年我不想再承担其他任务。（彬彬有礼）

（12）不，现在我不想谈论，15分钟后给你回话，行吗？（激励鼓舞）

（13）不。（直接坦率）

（14）不，我没有钱买。（讲究细节）

第 2 部分

你在寻找更多说"不"的个性话语练习吗？这里有18个说"不"的个性话语。请确定下列每一句话所表现出的单一的或综合的说"不"的个性话语。练习之后附有答案，以便你检测自己对"不"的主人所拥有的知识的掌握情况。

（1）不。

（2）谢谢你能想到我，不过，我不能参加。

（3）不，如果你不把新员工彻底训练好，你就不能接手这项计划。

（4）不，我们仍然不能来。珍妮在起水痘，我们不想你的孩子染上。

（5）是的。

（6）今年没有人会加薪。不过，也没有人得到和你相同的绩效。你的考核是优秀，因为你的工作超过了我的预期：准时完成，并且没有超出预算。如你所知，是否解雇员工取决于绩效。

（7）我不认为我是做这件事的最佳人选。

（8）不，这星期我没空，下周二下午 3 点怎么样?

（9）不！走开。你把我们的进程拖慢了。

（10）感谢你加薪。不，这不证明我无偿加班是合理的。

（11）做做其他事情，你会感到更快乐。

（12）不，我没意识到我们这项计划需要 10 万元，我们没有这么多预算。

（13）你没有承担全部，是吗?

（14）谢谢你的提议，我决定改日再谈。

（15）我不认为我们现在应该讨论此事。

（16）不，我们关于申请的裁决规定不允许有这个例外。

（17）不，我没看这部电影。但我听说这部电影还不错。

（18）不，我从未犹豫不决。

参考答案

（1）直接坦率;（2）彬彬有礼;（3）贪婪自私;（4）讲究细节;（5）直接坦率;（6）激励鼓舞;（7）闪烁其词;（8）激励鼓舞;（9）贪婪自私;（10）彬彬有礼;（11）闪烁其词;（12）讲

究细节；(13)贪婪自私；(14)彬彬有礼；(15)闪烁其词；
(16)讲究细节；(17)激励鼓舞；(18)直接坦率。

✖ 彬彬有礼地说"不"

想过用轻松谈话的方式而不是公然对抗的方式说"不"吗？
谈话或交谈是指听清并理解另一个人的观点，同时动用你的知识、
技能、技巧、经验和对方分享信息、见解或趋势。如果你相信某
些事情，就坚持自己的立场；不要回避面对面的谈话。在一对一
或多人讨论的情形下，不要怕和他人的意见不一致。建设性的冲
突可能很有价值，有时找出你回答"不"的原因可以产生新的解
决方案或方法。虽然"不"还是"不"，但是现在有了一个可以
导致"是"的新选项。

在第1章的测试题中，"不，谢谢你"是一种彬彬有礼地说"不"
的方式。其他彬彬有礼地说"不"的方法还有以下一些。

"我理解你的需要，但我的时间表目前已经安排满了。关于
谁能给你提供帮助，我的建议是……"（彬彬有礼，激励鼓舞）

"我（们）不是做这项计划的合适人选。_____ 是合适
的人选，他（或她）的联系方式是 _____。"（彬彬有礼，
直接坦率）"不，谢谢你想到我。"（彬彬有礼）

"不，请把我从你的候选名单中删除。"（彬彬有礼，直接坦率）

"不，我要把这件事指派给 _____。"（彬彬有礼，直接坦率）

"不，我要把这件事委托给 _____。"（彬彬有礼，直接坦率）

"不，抱歉，我不能陪你去，我今天要做 _____。"（彬彬有礼，讲究细节）

当你对他人的请求、邀请或者需求说"不"时，要维护他们的尊严。把"不"与人分开，说"不"的行为要针对请求本身而不是提出请求者。对请求说"不"时，避免使用"你"字。你是对请求说"不"，并非对人说"不"。花时间仔细考虑你将要说什么话、如何说得最客气而一点儿不会冒犯他人。

我们在前面介绍过的肖新丽说：

彬彬有礼地说"不"是一种逐渐学会的技能，有点儿像餐桌礼仪。它是一种介于粗鲁与斯文、冷淡与热情之间的平衡，不遵循"若无抱怨，绝不解释"的陈规旧俗。我确实设法解释使"不"变得温和，如果可能的话，我会提供另一种选择。我宁愿自己为"不"承担责任而不愿说"我的老板不批准"。

肖新丽在这里描述了直接坦率、彬彬有礼、激励鼓舞这3种说"不"的个性话语相结合的语言和方式。

说"不"而不疏远他人

即使你说话清楚、友好、直接、诚实，但有时他人也会感到在和你疏远，因为你已经给了他们一个他们不想听的答案：不。

下面这些关于说"不"时要注意的事项能尽量避免双方关系破裂或疏远。

（1）诚实和直接。根据事实提供帮助信息，你有说"不"的能力和权利。提供不必要的多余信息将把你的回答变成借口，进而不但可能迫使你加入犹豫不决者的行列，而且给你以后说"是"敞开了大门。

（2）彬彬有礼。"不，谢谢你"既是直接坦率又是彬彬有礼的习惯用语。

（3）记住说"不"的3个层次：①不，决不；②不，或许；③不，现在不行，以后可以。决定你想要且需要使用哪种"不"，选择能清楚表达你的意思而不会使你显得自私小气或轻率的话语。

（4）当你给请求者一个没准备听到的"不"时，他可能努力说服你放弃答案"不"。熟悉你为什么说"不"，坚持这个答案，要有自信，不要犹豫不决。使你的"不"针对事而不是人。

（5）如果你决定把"不"变为"是"，那么请明确地说明你说"是"的条件。

✖ 保护决策的时间和空间

做出说"不"的决定可能是既耗时又紧迫的过程。创造一个或多个健康的保护空间以便你能做出好决定。选择或创建精神上、感情上、身体上安全的并且激励决策过程的空间——说"不"的人就生活在这种空间里。我们中其余的人则需要寻找实体的房间、活动、人。

拥有一个安全决策空间并不意味你会使用它。因此，你也需要决定决策时间。你的决策需要多长时间？决策所需的时间通常取决于你所面临的决策。当处境危险时，决策只需 1 秒钟到 1 分钟的时间；当处境安全时，一个决策可以占用一两分钟到一两天的时间；当面临改变生活、但不威胁生命的情况时，决策可以花费 1 天、1 个月，甚至 1 年的时间。

复杂的决策及其结果比简单的决策及其结果需要更长的时间。如果你因担心他人对你的决策的反应而推迟决策，那么对相关的人和事来说，你的决策所需的时间就不符合道德规范且失去公平。

但是如果遇到一些安全的、令人兴奋的、有趣的东西，你也许在 1 分钟之内就会做出决策。你做决策平均每次花费多长时间？适量、太长，还是太短？

✖ 设计说"不"的策略，获得你想要的结果

生活中，我们也会经常遇到说"不"的事例："我现在真

的没有时间提供这方面的故事。我现在不能承诺在最后期限之前保证质量完成任务。"这是一个"不"，其所传达的信息是："我希望我能给你一个不同的答案；不过，我要对自己诚实，这是我最好的答案。"这句话表现了讲究细节的说"不"的个性话语。

如果你一旦认识到你自己的说"不"的个性话语，就应该复习说"不"的策略的话语。这里描述了你不想发生的事情。你还不想要什么？你还想对什么说"不"？这些不但是你认为重要的事情而且是你价值观的一部分。你的价值观是你说"不"的策略的一部分。

再次思考你的说"不"的策略是什么。例如，"不，当王娜父母不在家时，你不可以在她家过夜。你知道我们家的规矩。"或者，"我每月把10%的时间分给慈善机构，并且我的时间已经安排好了。"拥有一套指导你选择的个人策略不但能帮助你磨掉对请求说"不"所带的个人锋芒，也给你带来用言语或身体语言说"不"的信心，以至听到你回答的人能够认真对待你的"不"。明确你的说"不"的策略允许你更有效使用直接坦率、彬彬有礼、讲究细节、激励鼓舞的说"不"的个性话语。铭记你的说"不"的策略有利于你避免使用闪烁其词和贪婪自私的说"不"的个性话语。

　　你的说"不"的策略

　　（1）你可以对自己知道的什么事情说"不"而不需要思考？

　　（2）你反复推敲地说"不"的策略话语是什么？

　　（3）你说"不"的策略话语什么时候发挥了作用？发生了什么事？

　　（4）你说"不"的策略话语什么时候没有发挥作用？发生了什么事？

✖ 有时说"不"没有作用

　　即使你已经应用"说'不'的能力公式"，遵循说"不"的策略，并且精心构思说"不"的话语，听话人还是可以选择不接受或不回答。这发生在你的回答不是此人想要听到的答案的情况下。"不"在这些情况下不起作用。

　　（1）当没人听时。

　　（2）当人们知道不能相信你时。

　　（3）当你感到无能为力并且在强权面前时。

　　说"不"不起作用的其他情况还有你说"不"之后又把回答

变成"是"。如果你经常这样，人们就会不再听你的"不"，你就变成了犹豫不决者。

令人感到欣慰的是有很多成功说"不"的故事。你有"说'不'的能力公式"帮助你决定是否说"不"。现在，用来说"不"的那些话语怎么样？附录中有更多常用的说"不"的词语和句子。当然有更多种说"不"的方法，因为我们每个人都将添加不同的表情、手势、话语等表明我们的意思是"不"。

在什么情况下，你知道他人理解了你说"不"的意思。

（1）此人未做你说过"不"的事情。

（2）你不再感到威胁并且开始再次感到安全。

（3）你的孩子不再与你争论。

（4）请求者不再用相同的问题麻烦你。

（5）请求者感谢你的决策。

（6）人们不再问你问题。

能力训练

说"不"

写出你下次想说"不"的 10 种方式。

现在，请回去鉴别这 10 句话中的每一句话所用的说"不"

的个性话语。然后，再想象每一种说"不"的方法可能带来什么结果，并填入下表。这些话语可能出现的正面、负面、中性的结果分别是什么？

说"不"的方法带来的结果

所用的说"不"的个性话语	结果
1.	
2.	
3.	
4.	
5.	
6.	
7.	
8.	
9.	
10.	

·本章概要·

现在超过 70% 的孩子学会的第 1 个字是"不"。"妈妈"或者"爸爸"曾经是孩子们学会的第 1 个词。现在他们最先学会的是"不"，之后是"不要"，然后是"妈妈"或"爸爸"，而且排在第 5 位的是"不能"。那么，我们成年人为什么不能毫不费力地、轻松自如地、坚定而果断地说"不"？我们已经放弃了我们说"不"的能力。本章提供了种种方法恢复你说"不"的能力和大声说出"不"的信心——当"不"是你最好的回答时。

第 6 章

停止说"或许"，别让"勉强自己"成了一种习惯

要 点 预 览

1. 辨别犹豫不决的类型。

2. 利用"说'不'的能力公式"改进决策。

3. 停止犹豫不决，化"或许"为"不"。

4. 果断地做出决定。

✖ 犹豫不决者

说"或许"很危险，因为听话人可能会仓促得出与我们想做出决定的愿望相反的结论和判断。如果你已经知道答案是"是"或"不"，"或许"也可能引起误解甚至不合乎道德。犹豫不决者生活在"不－或许"区域中。使用表示"不－或许"的习惯用语使你不但处于危险之中而且会被迫半途而废。

犹豫不决的意思是犹疑不定、优柔寡断、左右摇摆。我们都见过犹豫不决者，也许甚至我们自己就是犹豫不决者。犹豫不决者是那些不能做出决定的人或者那些一贯说"或许"和"我们等等看"的人。心里踌躇而且原地踏步的人就是犹豫不决者。犹豫不决的行为也包括在做选择、承担任务或避免做承诺时的踌躇。

新闻报道中的犹豫不决

犹豫、踌躇等词语可以用来描述全世界的行为。请看看这些新闻的标题：在 1993 年和 1997 年，"犹豫不决"指比尔·克林顿总统外交政策的立场。2000 年，"犹豫的'不'有用"展开了关于美国西部大坝和航道的报道。2000 年，《印度时报》刊登了一篇名为"不再犹豫"的文章，这篇文章报道了巴基斯坦和印度之间的关系。2003 年，哥伦比亚广播公司新闻报道说加拿大总理让·克雷蒂安"在伊拉克问题上犹豫不决"。

各国政府的新闻报道经常把政治家、世界政要及政府机构描述为在政策和决策上"犹豫不决"。《华盛顿时报》2002 年

11 月 26 日报道"美国联邦通讯委员会（FCC）掌舵，电信公司犹豫不决"。

这样的案例很多。我们中的许多人都犹豫不决过，或者至少受到过这方面的指责。因此不要再犹豫不决，要果断做出决定。坚定不移，头脑清醒，想说"不"时就说"不"，想说"是"时就说"是"。

为什么犹豫不决

我们为什么犹豫不决？其中有很多原因。例如，让你摆脱尴尬的处境或者棘手的局面。你不必感到不好意思或伤害他人，犹豫不决可以为你争取时间，为你做出尽可能好的决定获取更多的信息。

如果犹豫不决有任何优点，你就要保持清醒，不必解释；而且如果你许诺将有一个答案时，那么就用明确的"是"或"不"做后续行动。做调查研究，多问问题，应用"说'不'的能力公式"。一旦你有犹豫不决的正当理由，就应该维护你的声誉，遵守你的诺言，果断做出决定。但是，如果你没有犹豫不决的正当理由，就不要这样做。

✖ 犹豫不决者的类型

如我们所见，犹豫不决者有他们犹豫的原因。有 3 种类型的犹豫不决者，而且你在生活中肯定都遇到过。也许你将在下面的描述中认出自己是哪一类型的犹豫不决者。

（1）靠不住的犹豫不决者。你从来不做决定。

（2）犹豫不决者。你不直截了当，以至在你说"不"的时候，他人以为你在说"或许"。或者，你收集了资料而且能做最后决定，但是由于某种原因推迟给其他人做最后决定。例如，即使你有权利做决定，但你却说："我必须与经理协商"或者"我必须问我妈妈"。

（3）合理的犹豫不决者。你拖延时间以便收集资料，而且你能做出好的决定。合理的犹豫不决只需花费适当的时间。如果做决定花费太长的时间，合理的犹豫不决就会转化成靠不住的犹豫不决。

如果你想别人英明果断，你就要在自己的生活中表现果断。犹豫不决的行为被间接地描述成"无力在重要时刻采取果断行动"。犹豫不决也可以被描述成无限期推迟某一决定。当你已经选择不做任何有建设性的事情时，在他人身旁发牢骚也被看成是犹豫不决的行为。犹豫不决者有时被描述成做任何事情都不会多做的人，或者没有做他们应做的那部分工作的人。

能力训练

第 1 部分：识别犹豫不决者

鉴别下面的每个句子最可能是哪类犹豫不决者（靠不住

的犹豫不决者、犹豫不决者,还是合理的犹豫不决者)说的话。

（1）我没有权利签字。

（2）你在开玩笑吗？我们今天不能决定。

（3）我不知道。

（4）我不知道。我调查一下，在星期二早上以前给你答复。

（5）我将把这次考核结果交给委员会。

（6）我考虑一下。

（7）在决定之前，我们需要详细的说明书和最后期限。10天后投标。

（8）我不能确信。

（9）我不能确信。我查一查，10分钟后给你回电话（电子邮件或者传真）。

（10）在决定做什么之前，我要熟悉情况。

参考答案

（1）犹豫不决者；（2）靠不住的犹豫不决者；（3）靠不住的犹豫不决者;（4）合理的犹豫不决者;（5）犹豫不决者；（6）靠不住的犹豫不决者；（7）合理的犹豫不决者；（8）靠不住的犹豫不决者;（9）合理的犹豫不决者;（10）犹豫不决者。

第2部分：回顾你的犹豫不决行为

（1）上次你犹豫不决是什么时候？

（2）你为什么犹豫不决？

（3）犹豫不决的结果是什么？

（4）你知道谁是犹豫不决者？他们是靠不住的犹豫不决者、犹豫不决者，还是合理的犹豫不决者？

✖ 犹豫不决的结果

说"不，或许"是犹豫不决的表现。如果你说"不"时缺乏信心，别人听起来就像你在说"或许"。如果你为你的"不"添加解释或原因来说服别人认为你的意思是"不"，别人会感觉你在犹豫不决，而且会认为"她不知道她自己在说什么"。

每个决定或者犹豫不决都会产生一些潜在的结果。犹豫不决是一种对被问的问题不做决定的决定。下面是犹豫不决的潜在结果。

靠不住的犹豫不决的结果

正面结果：无。

负面结果：未能做出需要做出的决定；你让他人失望；人们认为你不能做出决定；人们不再来找你，他们开始去找他们认为能够做决定的人；错过机会；有人受到伤害。

折中结果：不论你在什么问题上犹豫不决，都没有重大关系或者引起任何问题。

靠不住的犹豫不决是最普通、最常见的一种犹豫不决。当你不想却被迫说"是"时,你会犹豫不决。当你想要说"不"时却感到不舒适,你会犹豫不决。而且,当你真的不知道该说"是"还是说"不"时,你也犹豫不决。

犹豫不决的结果

正面结果:你从其他人那里收集资料做出决定;决策者依赖你;他做出决定。

负面结果:人们认为你不能做出决定;决策者是靠不住的犹豫不决者,因此,没有做出任何决定;人们不再找你,他们开始去找他们认为能够做决定的人;错过机会;有人受到伤害;作为决策者你将责任归咎于他人;因为人们了解你这一点,他们不会尊重你的决策——即使你做出了决定。

折中结果:不论你在什么问题上犹豫不决,都没有重大关系或者引起任何问题。

合理的犹豫不决的结果

正面结果:你收集所需资料做出明确的"是"或"不"的决定;一旦你在犹豫不决之后通过坚持到底而恢复声望,人们便开始更加尊重你。

负面结果:如果你没有坚持到许诺的最后期限,你就会变为第一类犹豫不决者——靠不住的犹豫不决者。

折中结果:做出决定;没有人对你感到厌烦;没有人受伤害;在延迟期间没有损害。

犹豫不决什么时候对你有效

（1）你什么时候犹豫不决，坚持到底最终做出决定？

（2）怎么回事？事情怎样解决？

（3）谁受到你犹豫不决的影响？当他们等待你时，是否有人没能完成他们自己的那一部分任务？

（4）你的孩子什么时候犹豫不决过，而且让你为他们做决定？通常发生什么？你通常做什么？

✖ 停止犹豫不决，把"或许"变成"不"

"不，或许以后"，这是犹豫不决者的典型话语，他们大部分用以下相同的方式说"或许"。下表进一步解释"说'不'的能力自我测试"中的7句话，句子编号不变。

你说	他人听成
2. 你不能找其他人吗？	如果你找不到其他人，我将做。
5. 我的时间安排好了，现在不能承担这份工作。	我现在不能做，但是稍后可以。
8. 对不起，我不能帮你。	我关心你的请求，因此我可以在下次帮助你。

11. 我认为我不是做这件事的最佳人选。	请找其他人做，但是如果你没找到其他人，我能做。
14. 或许以后可以。	我以后会做。
17. 或许可以。	是、不、我绝不会做决定。
20. 我认为我已经做得够多了。	我感到不安，但我没有说"不"。

或许：他人会听到什么

回顾上面能力测试的 7 句话，我们可以发现表示"或许"的许多种习惯用语。这些习惯用语使你的意思模棱两可，因此，你最终还得采取一些善后措施。请看下列表示"或许"的句子。

"或许。"——你认为你在说"不"或者至少在争取时间。我没有听到"不"，而是听到"是，我以后将为你做这件事"。

"或许？"——作为一个问句，"或许"这个词就变成了"同意"和"是"的意思。

"或许吧！"——你犹豫不决，因此你激动地说"或许"。我也把它当作"是"。

"不？"——你犹犹豫豫地说"不"，因此我听到的是"或许"。

"请把你的要求放在这里（你指着邮箱机智地说）。"——你还没有对我的请求说"是"或"不"。

"我们还没有提供报价的所需资料。"——你在对我说"是"，因为如果我带来所需的资料，你就给我一个报价。

变"或许"为"不"

如果你经常使用上述的句子，请不要再用了。停止犹豫不决，变"或许"为"不"，变得坚决果断。下面提供了把"或许"变为"不"的方法。请圈出你的习惯用语，并把它们变成说"不"的句子。你只需要说"不"就行了。

"或许。"——不。

"或许？"——不。

"或许吧！"——不。

"不？"——不。

"现在不行，或许以后可以。"——不。

"不，让我们重新安排时间。"——不，我不能与你见面。

"事情真的重要到我要丢下其他一切事情吗？"——不，我有其他优先要做的事情。

"我想但是我要先完成任务 A 和计划 B。"——不，我有其他优先要做的事情。

"我无法给这项计划安排时间。"——不，我无法给这项计划安排时间。

"我的日程表已经满了，现在无法安置这项计划。等等再说。"——不，我无法给这项计划安排时间。

"我不能在你的时间期限内完成这项计划。"——不，我不能在你的时间期限内完成这项计划。

"对不起，我现在不能。"——不，我不能。

"我没有时间。"——不，我没有时间。

"我现在没有时间。"——不，我没有时间。

能力训练

第1部分：把你的"或许"变成"不"

（1）你最喜欢的表示"或许"的句子是什么？

（2）把它改写成表示"不"的句子。

（3）现在，把你最喜欢的表示犹豫不决的句子改写成表示"是"的句子。

第2部分：把表示犹豫不决的句子变成表示"不"的句子

是否有其他人可以做这项计划？

其他在这个领域具有更好的专门技能的人能做这项计划。

其他在这个领域具有更好的专门技能的人应该做这项计划。

我不是合适的人选，或许 _____ 能做这项计划。

我没有合适的技能，或许 _____ 能做这项计划。

我不适合做这项计划，_____ 很喜欢做这项计划。

其他人不能帮你去取吗？

✖ 树立坚定的自信力，果断做出决定

好在你能克服犹豫不决。依靠引导你清楚地回答"是"或"不"的一系列问题，以及你在得出明确的答案之前对将要发生的事情所做的明确的承诺，你将能学会如何做出更好的决定。

在第 2 章，"说'不'的能力公式"是一种建立在清楚理解 5 个做决定要点基础之上的决定工具。如果你和提出要求者讨论这 5 个做决定的要点，你就能收集足够的信息达成一个明确的"是"或"不"的决定。记得要尽可能多地收集关于要求的目的、选项、时间、情绪联系及权利和责任等方面的细节。

信息收集对你的决策过程非常重要。不过，在某些时刻，时间已到，你需要决定。或者，你那里已经收集了足够的信息可使你做出决定而且继续前行。

利用"说'不'的能力公式"终止你的犹豫不决，果断做出决定。方法如下：问你自己和他人关于 5 个做决定要点方面足够多的问题，以确定你的最佳答案或者反应是什么。否则，你将再次陷入犹豫不决。

目的

第 2 章讲过，请求的目的是请求者对其所想要的东西、所需要的东西、需要的原因，以及它与所要实现的目标的关系的清晰明确的表述。你如果因为目的不清楚而意欲犹豫，就问自己下面的问题。

◎需要做的是什么？

◎为什么我是最佳人选？

◎通过做这项计划，我们要完成什么目标？

选项和资源

一旦明白了请求的目的，你就应该找出你有哪些选项和资源。第 2 章讲过，选项是你完成计划可供选择的办法，选项和你完成计划的方法相关。资源是帮助完成计划的人和物，包括工具、人员、设备、资金及职权等。下列问题可以帮助了解你有哪些可用的选项和资源，以便你能停止犹豫不决果断做出决定。

◎其他人能承担这个任务吗？

◎有多少种方法可以完成任务？

◎有哪些可用的工具、设备、资金可以帮助完成任务？

◎谁可以提供帮助？或者，有多少志愿者或工人帮助？

此外，如果可用的选项和资源不能帮助完成任务，就是该说"不"的时候了。如果选项和资源能帮助完成任务，就要继续考虑下一个做决定的要点，了解计划或请求到期的时间，以决定你将对计划或请求说"是"还是说"不"。

时间

一个关于完成计划的时间的话语可以告诉你该计划的时间安排或者请求的最后期限。为了确定完成请求的时间，问下列问题。

◎完成这项计划的具体日期与时间是什么？

◎最后期限是固定不变的，还是可协商的？

◎这个期限与我们其他必须做的事情存在冲突吗?

◎这个请求的时间是否顾及所需资源?

情绪联系

第2章讲过,情绪来源于你过去的经验、你对如何完成计划或请求的直觉,或者一种莫名其妙的不想做事的感觉。情绪可以引起对请求说"是"的兴奋、许诺和干劲。另一方面,情绪也可以引起对请求说"不"的愤恨、怀疑以及劲头。

前3个做决定要点——目的、选项、时间是逻辑上必然的。仔细考虑每一个要点,在需要时可以协商。即使有这些合乎逻辑的讨论,你的情绪也能使你犹豫不决而且影响你是否坚持"是"或"不"的决定。

在你清楚而彻底地考虑好请求之后,请考虑你的感受如何。问自己以下问题。

◎你真正想做、完成、涉足的是什么?

◎如果你说"不",你有何感受?

◎如果你说"是",你有何感受?

然后,确定你对请求的最好回答到底是什么:"是"还是"不"。

权利和责任

权利是指那些在一定情况下被认为是正确的东西以及不管你对请求说"是"还是"不"都正确的东西。除了权利之外,你还应该知道你负有什么责任。责任指你应该做到、履行、执行的法律的、道德的、精神的义务或职责。

一旦你已经决定说"是"或"不"，你就想证实你是否通过决定得到了保护和支持。问下列问题，以便弄清如果自己坚持执行自己的"是"或"不"的决定，你应该得到什么支持。

◎如果我说"不"，会发生什么？

◎如果我说"是"，我能期望什么保持不变？

◎如果我说"是"，我要对什么负责？

◎如果我说"不"，我要对什么负责？

在你探讨完所有问题之后，你应该清楚该回复"是"还是"不"。因为在决定之前做深入的讨论，你将更可能坚持并做出正确的判断。而且，在完成请求期间，你将得到更大的保护，因为你和你周围的人已经确定了你的权利和责任是什么。

✖ 认可特殊情况下的犹豫不决

犹豫不决什么时候可行或有益？当你需要更多的资料帮助你做决定并且你将做出决定时，当你没有权利决定而且在采取其他措施之前需要其他人决定或者批准时，你都可以犹豫不决。不要推迟决定——对那些依靠你做出决定并采取行动的人来说，你的犹豫不决是考虑不周。

做出决定不但需要思考而且需要行动。说"或许"将使你处于危险的境地，并且让你徒劳无益。说"我没有钱"也是一个决定。

如果它真的重要，你难道不能找到资金吗？说"我没有足够的时间"仍然是一个决定。你能找到获得"足够的时间"的办法吗？

生活中，我们常听到有人说："我没有足够的时间，你们必须帮助我。"这是一句表示犹豫不决的习惯用语，其目的主要是想获得别人的帮助。我们感觉自己有多少时间是一种选择。这种选择是对许多你感到没有足够的时间去做的事情说"是"，还是对这些事情说"不"的犹豫，从而使你感觉白天有足够的时间。

张立宁讲了一个相关的故事。她说她的丈夫四五个月以来下班到家就说："我没有足够的时间做完每件事情。"他越来越疲倦，而且越来越没有兴趣和她一起做事。他的理由是公司的工作量太大，老板又不帮忙，而且其他人也不知道做这些事情的正确方法。因此，"他必须早出晚归"。令张立宁感到生气的是他就像一位受害者，说话似乎没有别的选择。张立宁说："你有选择。"但他回答："你不会明白。"最后，张立宁厌烦了，对他说："下次你再说没有足够的时间，我也不再会理睬。你可以选择，每当你说你没有足够的时间时，我发现我自己感到越来越大的压力。我们总是可以选择我们做事的方式。"

几个月过去了，虽然进行了一些活动和谈话，但是他们生活依旧。张立宁的丈夫是一名退伍军人，有一天，他在谈话中说道："我意识到甚至我在不对期间我也可以选择。我认为我不可以选择，但是确实可以选择。如果有人要我做某些事情，我不一定非得做。当然，不做这些事情会导致一定的后果。因此，不管是什么事情我们都选择去做。我们也被告知，如果有人命令我们做违法的事情，我们可以拒绝。我从未这样想过。我从未想过我可以选择。现在我意识到我那时可以选择，就像现在一样。我可以选择留在这种令人疲惫、气愤的环境里工作，也可以选择另一份工作，或者集中精力改善我现在的状况。"

选择总会有的。下面分享一个关于"选择"的故事。

在 2017 年，贾洪娟参加了警察学校组织的为期 10 周的女性安全知识培训——吃饭、住宿、学习、驾驶、调查以及报告。她在这所学校学习的一条重要教训就是："一旦做出决定就决不放弃，因为你总有选择。即使受到威胁时，你也有选择。即使在遥远的地方，你也有选择。即使和对方谈判时，你也有选择。即使有人让你下跪并用枪指着你的后脑勺，你也有选择。"重要的是要做出选择，做出决定。

令人欣慰的是，你不会每天都遇到危险的情况。但是，你每天都面对着许多决定。下面这个例子几乎每个人都遇见过。

萧娜刚获得了一份新工作，自工作以来她觉得对公司很满意。一天，她跟同事们去吃饭，其中有一位已婚的、有孩子的、在该公司工作多年的女士。在用餐时，她和另一名同事抱怨她们的工作环境、老板、薪水和上下班时间。然而，萧娜很喜欢这份工作、学到的东西以及遇见的人。她就对她们说："如果你们那么讨厌这个工作，为什么不换个工作？"那位孩子快要上大学的女士说："你不会明白。当你要支付贷款、养孩子、送他们上大学时，你会明白的。"

萧娜同事所要表达的意思是她"不可以选择",只有维持现在的工作。事实上,她做出的选择就是维持现在的工作。她已经做了导致她选择维持她的工作的数百个选择。她已经选择了买房子、支付贷款、生孩子、送他们读大学、买汽车、度假,而且正选择相信她不能找到一份有同等好的待遇的工作。对她来说,这些选择导致她选择待在原地,选择抱怨。她的行为也是一种犹豫不决:只抱怨而不采取行动改善境况。

能力训练

回顾你的犹豫不决行为

(1)你做出的哪些选择让你踌躇、犹豫?

(2)什么心态阻止你做出决定?

(3)哪种情绪让你犹豫不决而且说"或许"?

✖ 常见的犹豫不决的标语

请思考下面的我们差不多每天都见的犹豫不决的标志。这些标志向我们发出警告,提醒我们要当心或者要我们自己做出如何采取行动的决定。

"当心狗！"这个标志的意思是你可以冒着危险进去，因为狗可能给你造成麻烦，甚至伤害。当然，这不是一个表示欢迎的标志，也不是表示走开的标志，而是一个犹豫不决的标志，因为它不像"请勿打扰"或"谢绝推销"这两个标志那样清楚地表达了"禁止、走开"的意思。

　　"擅自闯入，后果自负！"这个标志的意思是你可以进入，但是任何张贴该标志的人将不会对你或者你的安全负责。其含义是如果你选择进入，你可能受到伤害。这个标志给你留出决定进入还是走开的余地。"小心，高温！"这种标志也不例外。这是一种警告，然而你自己可以决定如何理解其中的含义。

　　"小心驾驶！"表示前面的行车条件具有潜在的危险。没有人想要你受伤，因此才张贴这种警告标志。你要决定一直向前开还是调头，你也要决定你将如何开车。

　　选择。你每天都面临许多选择。每当你选择犹豫不决时，你就放弃其他选项。从现在开始，你将选择什么？

能力训练

　　第1部分：把"或许"变成"不"或"是"

　　把下表中表示"或许"的句子改写成表示"不，决不"的句子。

　　写出你下次在需要说"不"但又想说"或许"时将要说的话。

　　把"或许"变成"不"

通常或许	不，决不。
或许。	
或许？	
也许吧！	
不？	
不，现在不行，以后可以。	
现在不行，以后可以。	
不，让我们重新安排时间。	
是否重要到我应该丢下其他一切计划的地步？	
对不起，我现在真不能。	
我的时间表都安排满了。	

现在，把同样的句子变成表示"是"的句子

通常或许	是。
或许。	
或许？	
也许吧！	
不？	
不，现在不行，以后可以。	
现在不行，以后可以。	

不，让我们重新安排时间。	
是否重要到我应该丢下其他计划的地步？	
对不起，我现在真不能。	
我的时间表都排满了。	

参考答案

把"或许"变成"不"

通常或许	不，决不。
或许。	不。
或许？	不。
也许吧！	不。
不？	不。
不，现在不行，以后可以。	不。
现在不行，以后可以。	不。
不，让我们重新安排时间。	不。
是否重要到我应该丢下其他计划的地步？	不，我不会帮你做那项计划。
对不起，我现在真不能。	不。
我的时间表都排满了。	不。

现在，把同样的句子变成表示"是"的句子

通常或许	是。
或许。	是。
或许?	是。
也许吧!	是。
不?	是。
不,现在不行,以后可以。	是,我2个小时后做。
现在不行,以后可以。	是,我3个月后做。
不,让我们重新安排时间。	是,让我们重新安排时间。
是否重要到我应该丢下其他一切计划的地步?	是,我重新安排一下,这样,我可以有2个小时帮你。
对不起,我现在真不能。	是,我会尽力帮你。
我的时间表都安排满了。	是,我重新安排时间,挤出1个小时来帮你。

· 本章概要 ·

　　犹豫不决意味着只会空谈而不采取行动,也不改善状况。犹豫不决是一种不做决定的选择。那位退伍军人犹豫不决:"我没有足够的时间。"那位同事犹豫不决:"我实在不能换工作。"你也犹豫不决吗?

第 7 章

学会说"不"，
懂得说"是"

要 点 预 览

1. 现在说"不"，意味着以后说"是"。

2. 内在主观愿望和外在客观行为协调
   一致。

3. "不"的主人知道什么时候说"是"。

✕ 大方回绝，准备说"是"

"不，我目前不能帮助你。我对活动感兴趣并且想稍后参加。"这是一种真诚而有效的现在说"不"稍后将说"是"的方式。本章的重点是如何说"是"，使内在主观愿望与外在客观行为协调一致，以便你更容易贯彻实行"是"，这样你就不会再成为犹豫不决者。说"不"者不但知道什么时候说"是"，而且知道什么时候说"不"。犹豫不决者没有主见，唯唯诺诺者则受困于对任何人、任何事说"是"的习惯。

你知道你常常说"是"，下列的事情什么时候开始发生在你身上？

（1）因担心必须做的一切事情，你在夜里无法入睡。

（2）你似乎一直感到疲倦。

（3）你不能完成你所有的许诺去做的事情。

（4）你经常说"我没有足够的时间"。

（5）别人不再要求你做事，因为你不能坚持到底。

（6）别人对你的幸福表示关心，因为你好像总是如此忙碌和疲倦。

✕ 说"是"

说"是"的内在主观愿望涉及你的想法和你的行动及你的愿

望。说"是"的外在客观行为与你外化的行为和说出的话有关。当你的内在主观愿望和外在客观行为协调一致时，你的大脑、内心及本能会说"是"，而且你的嘴巴、眼睛和身体语言也会说"是"。有两类说"是"的内在主观愿望与外在客观行为协调的情形。

第一种是内在主观愿望与外在客观行为协调一致，即当你的大脑想说"是"或"不"时，你就大声地把它说出来。例如，你想要参加比赛，而且你说"是，我去"；或者，你想要对新任务说"是"，因此你说"是，谢谢，我想接受这个任务"。

第二种是内在主观愿望与外在客观行为不协调，即你想说"不"然而发现自己大声说出了"是"。例如，当你没有时间承担其他任务并且你的大脑和内心都想说"不"时，但是由于你害怕如果说"不"别人会认为你自私、小气或者其他原因，你最终还是大声说出了"是"。

对于唯唯诺诺者和犹豫不决者，使内在主观愿望和外在客观"回答"协调一致非常困难。因为每两次你想要说"是"或"不"时，你通常会发现自己实际上仅仅大声说出了内心想要说的一次。在以下几节，你将学到内在主观愿望与外在客观行为协调和不协调的情况，以及它们发生的原因。

✖ 内在主观愿望与外在客观行为

你的大脑想要说"是"，因此你大声说出"是"。这是内在主观愿望与外在客观行为的协调一致，因为你的内心所感、所想就是你实际上大声说出的话。但是，即使你自己清楚内在主观愿望与外在客观行为协调一致，知道自己大声说出头脑里的"是"，其他人也有可能听不到你的"是"。

即使"是"字从你的嘴里说出来，听话人也有可能把它当作"或许"。你要表达的意思通常取决于你所使用的语气，比如，"是"可以表示同意或要求。"是！我很愿意与你一起去看电影"表示同意。"是，我想让你打扫你的房间"则表示要求。你一旦说"是"，就要坚持并履行自己的承诺，这样他人才能把你的"是"看作"是"，"不"看作"不"。

当你说"是"时，你或者承诺采取行动或者确认某些事情。做好准备，用你的行动支持你的"是"。

能力训练

说"是"

（1）你怎样说"是"？

（2）你的面部表情如何？

（3）你的声音如何？

（4）你的站姿或坐姿如何？

（5）别人听到你说的是什么？把你的"是"看作"是""或许"，打招呼，还是问候？

（6）你什么时候说"是"表示同意？

（7）你什么时候说"是"表示要求？

内在主观愿望与外在客观行为不协调

这是不情愿的不协调：因为你想要说"不"，或你不想做被要求做的事情，但是你说出了"是"。

即使你不想说"是"，由于某些原因，你也大声说出了"是"。当你感到害怕，或者不喜欢说"不"的结果时，你将说"是"。例如，"如果我拒绝了老板，我将会丢掉工作。"当你不喜欢某项任务，但因为你不想显得怠慢而同意做它时，也会造成内在主观愿望与外在客观行为的不协调。

内在主观愿望与外在客观行为的不协调行为还包括下面这些。

◎你不想去替老板开会，但是你说了"是"。

◎你不想你的孩子去他的一位朋友家里吃晚饭，你有很长一段时间都没有同意过，但是你这次说了"是"，因为你知道孩子朋友的父母在家。

◎你不想去看电影，但是你不能想到其他更好的事情，因此你同意去看电影。

外在客观行为与内在主观愿望不协调

这是情愿的不协调：你想要说"是"，然而你却说出了"不"。

在不同的情况下，由于不同的原因，当你想说"是"时却大声地说出了"不"。例如，某人被邀请去看一部他想看的电影时说："不，我想去，但是我已经答应整个周末照看孩子了。"或者，某位职员终于等到了期待已久的晋升时说："不，我现在的生活境遇不允许我接受这个新职位。"

你能消除这些不协调的行为吗？不能，因为在很多情况下，你不喜欢做的、不想学的，或不想做的事情却很重要。因此当你认识到某个请求对某一步骤、事情，或者另一个人的重要性时，虽然你心里想说"不，我不想做"，但你说出口的是"是"。因此，在有些时候，虽有人提供给你确实想要的东西或想做的事情，但是并没有带来好结果。

能力训练

使内在主观愿望与外在客观行为协调一致

（1）最令你恼怒、最令你失望的内在主观愿望与外在客观行为不一致的经历是什么？

（2）发生了什么事情？

（3）现在你将采取什么不同的方式应对它？

（4）下次你开始说"是"而没有计划坚持到底时，你将怎么做？

✖ 构造说"是"的话语

虽然没有完全消除内在主观愿望与外在客观行为不一致的方法，但是有方法减少这种经历的次数。"说'不'的能力公式"能确保你回答的"是"和回答的"不"一样清楚。换句话说，你构造的表示"是"的话语肯定表示"是"。下面是如何运用"说'不'的能力公式"说"是"的方法。

目的

请求的目的是请求者对其想要的东西、需要的东西、需要的原因，以及它与所要实现的目标之间的关系的清晰明确的表述。当目的或者请求明确时，你的内在主观愿望可以说"是"，而外在客观行为可以继续探讨"说'不'的能力公式"的其他4个组成部分。

选项和资源

选项是你完成计划可供选择的办法，选项和你完成计划的方法相关。资源是帮助完成计划的人和物，包括工具、人员、设备、资金以及职权等。在你完成请求或者实现目的时，如果你确信你有合适的选项和资源可用，那么你的内在主观愿望可以说"是"，而外在客观行为可以继续探讨它的最后期限。

时间

关于完成计划的时间会告诉你该计划的时间安排或者请求的最后期限。如果时间和最后期限符合实际情况，并且你有所需的选项和资源，那么你的内在主观愿望可以说"是"，并思考你在做出最后的决定之前的感觉。

情绪联系

情绪联系来源于你的经验、你对完成如何计划或请求的直觉，或者一种莫名其妙的不想做事的感觉。在探讨完"说'不'的能力公式"的前3个部分之后，请认真考虑你对所给的回答有什么感受，问你自己是否真的想要大声说出"是"。你的内在主观愿望对前3个部分的讨论说"是"，并不意味着你想承担这项计划。

权利和责任

权利是指那些在一定情况下被称为真实的事情和不管你对请求说"是"还是"不"都是真实的事情。除了权利之外，你还应该知道你负有什么责任。责任指你应该做到、履行、执行的法律的、道德的、精神的义务或职责。你一旦说"是"，则意味着你想要继续交谈，并且想确保你通过这个回答得到保护和支持。

✖ 套用"说'不'的能力公式"做决定

在构造真正表示"是"的话语时，你要对下面的"说'不'的能力公式"问题全部回答"是"。

（1）目的："是"字出现在句子里吗？

（2）选项和资源：你知道什么选项和资源将有助于你完成

计划吗？

　（3）时间：句子明确说明了你的"是"在什么时候生效吗？

　（4）情绪联系：你接受你对自己将要说的感受吗？

　（5）权利：你考虑过说"是"的权利、责任及后果吗？

　如果你不能对这5个问题中的全部回答"是"，你可能让你自己处于犹豫不决的位置，其他人可能认为你没回答或者说了"不"。如果你发现自己对某个问题说"不"，请寻找更多的资料帮助你找出有关这5个问题的细节。然后，再重做这5个问题，心里做出明确的"是"或"不"的决定，以便你说出自己的最好的答案并坚持到底。

✕ 勉强说"是"后如何把"是"变为"不"

　即使你把"说'不'的能力公式"用于你的决策过程，也会发生这样的情况，即你不想说"是"却说了"是"。但现在，你意识到你需要说"不"，因此你大声地说出了"不"。这种大声说出的话的改变引起了大家的愤怒和困惑。如果你把"是"变为"不"，请准备好如何应付那些对你不满意的人。

　例如，在第4章的大学老师王伦亮的那个学生，应该明白下面的话。

　"承认"你的选择、回答和行动表明你知道自己做出决定的原因，至少知道一些结果，以及要坚持你的回答。大约有 1/3 的人"控制"他们说"不"的回答和决定。虽说"是"如说"不"同样困难，但如果你不控制自己的"不"，别人就会说服你改变你的回答。当你被说服改变了自己的回答，你最终还是会被别人看成犹豫不决者。

当选项和情况改变而且你把"不"变成"是"时，你仍然有机会支配你的决定和回答。阅读下面关于段庆峰的故事。在竞选社区公益组织副会长时，他通过一个快捷的过程把他原来的回答"不"变成了"是"。他的事例表明"说'不'的能力公式"在起作用。你能在他的事例中找出这 5 个"说'不'的能力公式"的组成部分吗？

在我的生活中，我感到我应该参与社区活动，服务社会。因此，我决定竞选社区公益组织宣传部的部长。第 1 个任期的竞选是一个竞争非常激烈的竞赛，但是，我还是成为两位获胜者中的一位。

任职不久，我获悉组织的会长有问题。我便努力去弄清问题的来龙去脉，但是，我越陷越深，我不但发现了对社区和谐构成威胁的问题，而且组织所提供的服务也有问题。在我 3 年任期的第 2 年，我被选为副会长。此后不久，会长就离职了，来了一位非常强硬的继任者。

在我任期的最后一年，我决定结束这费力费神的公共服务，而且我决定不再竞选第 2 个任期。不，我说过"不"，就会说到做到。当新任的会长和我的支持者们听说我不再谋求连任时，由我的支持者组成的代表团就来问我是否要谋求连任。

在考虑很久之后，其间包括和家人进行沟通，我最后说他们可以把我的名字写在选票上，但有一点说明：我自己不会竞选这个职位。我的支持者们开始了竞选活动。当选举结果揭晓时，我得到了那个公职的2/3选票。然后，我的第2个3年任期成效显著，而且融洽和谐。我非常感激，因为我感到自己为社区所提供的服务得到了回报。

这个事例的寓意是什么？起初说"不"并不意味最终要说"不"。

你在上面的事例中找到了发挥作用的"说'不'的能力公式"了吗？下面是对这个事例的详细分析。

◎目的：服务社区。为家庭、社区公益组织及社区的利益而工作。

◎选项："如果我参加竞选，我自己开展竞选活动"并且"支持者开展竞选活动"。

◎时间："我将不参与竞选活动"，而且已知的服务期限是宣誓就职后3年。

◎情绪联系：通过"深思"做出决定，追求委员会的、社区的"和谐"。

◎权利和责任：他不但清楚自己的责任是什么——"服务社区"，而且他明确不参加竞选的权利是为保护他自己的精力。

段庆峰的故事是由说出的"不"变成说出的"是"的例子。

但最令人恼怒的"不"是那些从未说出口的"不"，这些未说出口的"不"来自那些不想直接面对问题的人。于是，他们继续以自己的方式做他们想做的事情，而不是说"不"。得到回答"不"说明有人首先提出了请求。如果你喜欢能做很多事情而不请求帮助，这将减少听到'不'的可能性。

关键在于第一次就要把自己的意思说出来，这样才能避免以后改变主意。利用"说'不'的能力公式"学会开门见山地说出自己的意思吧！

能力训练

说"不"的人也是说"是"的人

说"不"的人知道什么时候说"不"、什么时候说"是"。说"不"的人清楚他们为什么说"不"、为什么说"是"。说"不"的人从未染上犹豫不决的毛病，如果他们想表达绝对表示"是"的意思，那么他们只说"是"。回想你的同事、家人和朋友，然后回答下列问题。

（1）在这些人中，谁知道什么时候说"是"和什么时候说"不"？

（2）在这些人中，你可以请求谁帮助你克服唯唯诺诺？

（3）在这些人中，谁是一位唯唯诺诺者？

（4）你怎样帮助他学会说"不"？

✕ 说"是"的结果

第 4 章已经讨论了有关结果的问题及其对我们决策的影响。说"是"可以有正面、负面以及折中的结果。正如考虑说"不"的结果一样，你也要考虑说"是"的结果。不管你说"是"或"不"，你都想要满怀信心地说出你的答案并且坚持到底。考虑你回答的结果不但可以帮助你做出最好的决定，而且可以增加成功地完成计划的可能性。

说"是"的正面结果包括得到你想要的东西、帮助其他人得到他们想要的东西、享受活动、学习新事物、感到愉快，以及开始与你喜欢的人在一起。

说"是"的负面结果包括承担太多工作、承诺太多活动、耗尽精力、总是感到疲倦、你不能完成所承诺的事情而最终使他人失望。

说"是"的折中的结果包括没有人生气或者过度激动、你对所承诺的事情没有感到心烦或愉快、没有发生有害的事情。

能力训练

"是"的结果

（1）你什么时候经历过说"是"的正面结果？怎么回事？

（2）你什么时候经历过说"是"的折中结果？

（3）你什么时候经历过说"是"的负面结果？

✖ 说"是"的道德规范

我们都曾经不假思索地说过"是"。我们对我们支持的事业说"是",我们对孩子说"是",以此让他们安静下来以免自己受到干扰。有时回答"是"对你有利,有时回答"是"对你不利,会给你带来许多的工作或者在某个时间要去许多地方。有时虽然你无意完成承诺,你也可能说"是"。在第4章,我们谈论过说"不"的道德规范。说"是"也有它的道德规范。当你说"是"但不能坚持到底时,你就违背了承诺、使人失望,并且可能失去信誉。下列问题可以帮助测试你说的"是"是否诚实和道德。

◎你会坚持到底吗?

◎你会公正地满足每个人的需要吗?

◎你会保证每个人的安全吗?

◎你会准时按照承诺完成任务吗?

◎你对说"是"感到满意吗?

如果你对这些问题全部回答"是",你的"是"可能是一个诚实的答案。如果你对任何一个问题回答了"不",请重新考虑你的"是",因为它可能不是你尽可能好的、最诚实的回答。

✖ 测试你说"是"的能力

在第 5 章和第 6 章我们都回顾了第 1 章的"说'不'的能力自我测试"里的话语。下面 7 句话选自"说'不'的能力自我测试"，题号保持不变。这些话语没有足够清楚地表达它们的意思。因此，在每句话之后都提供了一个更清楚明确表示"是"的话语。

3. 我的日程表都安排满了，过几个月再来找我。——我的日程表都安排满了，那么好吧，我将在 3 个月后与你合作。

4. 如果你再找不到其他人，那我做。——是，如果你找不到其他人，我将帮助你。

9. 我愿意为你效劳。——是，我做。

12. 我或许可以帮忙。——是，我能帮助完成。我看看我的日历然后确定什么时候帮助你。

15. 我乐意去做。——是的，我乐意去做。

18. 我怎样可以帮你？——是的，我帮你。我怎样可以帮你？

21. 是。——是。

能力训练

把你表示"是"的话语变得更清晰明确

（1）你使用什么词语说"是"？在这里写下这些词语。

（2）圈出清晰明确地表示"是"的话语。

（3）现在，把不清楚地表示"是"的话语改写成更清晰明确地表示"是"的话语，避免引起混淆。

·本章概要·

虽然说"是"可能比说"不"容易，但是滥用"是"就像滥用"不"一样难以克服。现在你已经同我们讨论了、拥有了做决策的工具，成了"不"的主人。不要再犹豫不决，果断做出决定，坚持到底。

第 8 章

决策练习：升级说"不"的决断力，成为说"不"者

要 点 预 览

1. 把"说'不'的能力公式"付诸行动。

2. 专心练习，没有人催促你做出决定。

3. 通过本章内容巩固说"不"的技能。

✖ 每日决策练习，完成你说"不"的策略清单

日常生活变化如此迅速，当面临需要你去答复的人时，你可能感到不知所措。时间、人、计划、合伙用车、上下班、志愿活动、寻找个人时间等压力可能使你不能专心做出最好的决定。尽管重重阻碍致使你觉得没有选择余地，其实不然。并且，每时每刻你都可以选择。尽管每天都有干扰、要求、恳求、呼声、邀请、请求及承诺，你也有权利停一下，做个深呼吸，然后做出选择。

的确，有时会发生生死攸关的危机。即使身处危机，你也可以一边深呼吸一边选择采取尽可能好的行动。不管发生什么，你都可以选择。本章提供练习"说'不'的能力公式"的机会。另外，本章提供的额外的练习方案让你有机会轻松地练习如何做出决策。这些练习也可以帮你找到你感到合适的具体话语，可以在你准备好停止说"或许"，或停止唯唯诺诺的行为，或开始更好地说"不"时使用。

我们在倾听"不"、说"不"，以及坚持我们的"不"等方面都有不同的经历。如果你有令人气愤或令人疲惫的经历，你就可能时常避免说"不"。在你的经验基础之上，创建说"不"的技能。在接下来没有安全压力的练习中，学会使用这些可以提高你的说"不"的技能的公式、方法和策略。

能力训练

第 1 部分：找出说"不"的话语

把下列句子变成表示"不，从来不"的句子。

犹豫不决和唯唯诺诺的回答	"不，从来不"的回答
1. 我不是做这件工作的最佳人选。	
2. 好。	
3. 我们没有那项计划的预算。	
4. 我们不能暂缓那项计划吗？	
5. 我们没有权利做这项计划。	
6. 你不能找别人做这项计划吗？	
7. 我们等等看。	
8. 把这项计划也列入清单。	
9. 我愿意。	
10. 我会处理这项计划。	
11. 你不是真正想让我做这项计划吧。	
12. 我或许可以帮忙。	
13. 我想我有时间。	
14. 我看看我的日程表再说。	
15. 我很想做这项计划，但是……	
16. 当然。	
17. 是吗？	

参考答案

1.不，我不是做这件工作的最佳人选。我推荐_____。

2.不。

3.不，我们没有并且不会给那项计划争取预算。

4.不，我们在采购之后再说。

5.不，我们没有授权，因此我们不做。

6.不，我不去做。

7.不，我已经决定。

8.不，这不是我们专攻的优先级计划，不要把它列入清单。

9.不，谢谢你。

10.不，我将不处理这项计划。

11.不，我不做这项计划。

12.不，我不能帮忙。

13.不，我那天没有时间。

14.不，我那天没有时间。

15.不，我不参加这项计划。

16.不，谢谢你。

17.不。

第 2 部分：把"不"变成"或许"或"是"

现在倒过来练习，把"不，从来不"的话语先变成表示

"不，或许"的话语，然后再变成表示"现在'不'，稍后'是'"的话语。下表的第一行给出了一个例子。

不。	或许？	现在不行，我稍后做。
不，你没有打算做这项计划。		
不，我不想去商店。		
不，我们没打算去看电影。		
不，我们没有预算。		
不，我们的员工没有时间可用。		
不，我们没有打算给你买车。		
不，你不能全部用完。		
不，我不能完成你的任务。		
不，包裹仍未到达。		
不。		

参考答案

以下是参考答案，请和你的答案进行比较。

不。	或许？	现在不行，我稍后做。
不，你没有打算做这项计划。	你不打算做这项计划，是吗？	是，你可以做这项计划。
不，我不想去商店。	我不确定什么时候去商店。	我打算下午 4 点去商店。

不，我们没打算去看电影。	或许我们可以去看电影。	是，我们打算晚上7：45去看电影。
不，我们没有预算。	或许我们可以找到资金。	是，我们确实有预算。
不，我们的员工没有时间可用。	或许我们可以找到人帮忙。	是，我们的员工将有时间做完计划。
不，我们没有打算给你买车。	我们等等看。	是，我们会给你买辆车。
不，你不能全部用完。	或许你可以用其中的一部分。	是，你可以用500元。
不，我不能完成你的任务。	或许我可以帮你完成任务。	是，我将完成这项任务。
不，包裹仍未到达。	我不知道。	是，包裹1小时后到达。
不。	或许。	是。

第3部分：回顾：大声说出"不"

第5章里涉及过这项活动。你的练习进行得如何？花点时间再做一下下面的这项练习。看看你现在回答"不"比你第一次做这个练习时的回答坚定多少？

请大声说出"不"！赶快说"不"！如果你发现自己说出"不"时声音不大而且毫无意义，请回答下面的问题，这些问题可以帮助你练习如何大声地、有意义地说"不"。

（1）你想每周工作50个小时吗？

（2）你想得到少于你应该得到的报酬吗？

（3）你想吃到撑破肚皮吗？

（4）你想卷入一次致命的车祸吗？

现在，在镜子前练习说"不"。

（1）闭上眼睛，不要说话，练习在心里默默地说"不"。默默地对自己说5次"不"。

（2）睁开双眼，对自己说5次"不"。

（3）闭上眼睛，大声说出5次"不"。

（4）睁开双眼，大声说出5次"不"。

（5）用5种不同的语调大声说出"不"。

（6）用5种不同的面部表情大声说出"不"。

第4部分：计算次数

你每天有多少次机会说"不"？（实际上你不必每次大声说出它。）

你每周有多少次机会说"不"？

你在什么地方说"不"会觉得最轻松自如？公司、家，还是社区？

第5部分：决策工具复习

在这里复习第2章的说"不"的能力，你能提出什么问题去应用"说'不'的能力公式"？

目的：

选项和资源：

时间：

情绪联系：

权利和责任：

在下面 16 个情境中的每一个情境里，都把你自己放在需要说"不"者的位置。如果你是说"不"的人，请写下你说"不"或说"是"的方式。使用"说'不'的能力公式"的 5 个问题确定你将如何应对以下每种情况。此外，如果某个情境和你遇到的情境相同，请写下你所用的话语和问题。

工作情境 1

你在公司已经工作了 3 年。你想要晋升而且已经得到加薪的许诺，但还没有兑现。有两位同事辞职了，公司还没有招聘新员工来替代他们的位置。老板来找你帮忙完成一项从现在起只有 10 天期限的计划。但是你的工作量减半，这个期限才能实现。

你将对老板说什么？

你将怎样得出你将说的话？

你怎样运用"说'不'的能力公式"？

你感觉你的回答怎么样？

你将怎样为你的回答承担责任？

如果你必须按照下列 3 种方式做出回答，你将怎样对老板说？

不，永不：

不，或许：

不，现在"不"，稍后"是"：

在每一组（工作、家庭、朋友和社区）情境中，只给第一个情境提供了参考答案，以便你了解其余情境的回答模式。

工作情境 1 的参考答案

◎你将怎样得出你说的话？

通过使用"说'不'的能力公式"。因为规定的期限是从现在起 10 天之内，所以为了确定老板的要求有多现实，你可以问老板："你需要完成的计划包括什么？什么资源可以帮助完成计划？如果我说'不'，我的权利是什么？如果我说'是'，我的责任是什么？"而且，你心里要问自己："我到底感觉这项计划如何？我要承担这项计划吗？"

◎你将怎样为你的回答承担责任？

你已经说出了你决定要说的话。坚持你的回答，不要后悔，继续努力，并做出比现在的决定还要好的决定。

如果你必须按照下列 3 种方式做出回答，你将怎样对老板说？

不，永不："不，我不打算承担这项计划。"

不，或许："我看看是否有时间做。"

不，现在"不"，稍后"是"："我下周开始做，仍然能如期完成计划。"

工作情境 2

你的上司刚刚要求你顶替一位驾驶员。下午 2 点之前你必须把货送给一位客户，并且在返回途中要到第 2 个客户那里取货款。公司没有车辆可用，你的汽车保险不包括因工作原因给单位送货而造成的损失，并且你也没有义务为公司收货款。

你将对上司说什么？

你将怎样得出你将说的话？

你怎样运用"说'不'的能力公式"？

你感觉你的回答怎么样？

你将怎样为你的回答承担责任？

如果你必须按照下列 3 种方式做出回答，你将怎样对上司说？

不，永不：

不，或许：

不，现在"不"，稍后"是"：

工作情境 3

你的部门刚刚被告知因利润下降而"削减开支"。你将怎样确定采取什么措施？

你将对上司说什么？

你将怎样得出你将说的话？

你怎样运用"说'不'的能力公式"？

你感觉你的回答怎么样？

你将怎样坚持你的回答和所承诺的行动？

如果你必须按照下列 3 种方式做出回答，你将怎样对上司说？

不，永不：

不，或许：

不，现在"不"，稍后"是"：

工作情境 4

你的公司有反对经理——员工私人关系的政策。你刚刚发现一位经理和他的一位直接报告人有私人关系，而且已经开始对工作产生负面作用。你和他人心里都对所发生的事情感到气愤，并且你想要制止这种关系的发展，这样就不会影响大家的工作了。不管你目前在公司里担任什么工作，你将做什么？

你将说什么？对谁说？

你将怎样得出你将说的话？

你怎样运用"说'不'的能力公式"？

你感觉你的说'不'行动和回答怎么样？

你将怎样为你的回答承担责任？

工作情境 5

描述你工作时最令你气愤的说"不"情境。

知道你现在所知道的事情，你下次将说什么？

你将怎样得出你将说的话？

你怎样运用"说'不'的能力公式"？

你感觉你的回答怎么样?

你将怎样为你的回答承担责任?

如果你必须按照下列 3 种方式做出回答,你将怎样对老板说?

不,永不:

不,或许:

不,现在"不",稍后"是":

家庭情境 1

你打算在 4 个月内结婚,但是你和未来的配偶还没有谈论你们是否要孩子或者要生几个孩子的问题。你不想要孩子,却不知道如何说出口。

你将对未来的配偶说什么?

你将怎样得出你将要说的话?

你怎样运用"说'不'的能力公式"?

你怎样应对配偶的回答?

你将怎样为你的回答承担责任?

家庭情境 1 的参考答案

◎你将对未来的配偶说什么?

从"说'不'的能力公式"开始,构造一个可以用于和配偶商谈生孩子的问题的句子。

目的:"我们还没有谈论过生孩子的问题,我想谈谈这个问题。"

选项："我从高中开始就不想要孩子，我现在仍然不想要孩子。你觉得要孩子怎么样？"

时间："我知道这个话题很沉重，但是我认为在我们结婚之前，我们真的应该讨论一下。"

情绪联系："我对这个问题反应很强烈，我不会改变主意。我不想要孩子。"

权利和责任："我对你诚实，请你对我也诚实。不管我对生孩子有什么感受，你还想与我结婚吗？"

◎你将怎样为你的回答承担责任？

你已经说出了你决定要说的话。坚持你的回答，不要后悔，继续努力，并做出比现在的决定还要好的决定。此外，请考虑你将如何遵守你对配偶所做的关于是否想要孩子或想要几个孩子的承诺。

家庭情境 2

你一直长时间工作，你的配偶也一直长时间工作。你们两夫妻过去经常一起清扫房间和庭院，但现在没有人打扫了。你一直想躲避谈起如何做出改变，以避免你们家脏得不再有家的感觉。你筋疲力尽，灰心丧气。你不想让家里的每一位成员对需要做的家务活感到压力。

你将怎样说"够了，不要再如此了"？

你将对配偶说什么？

你将怎样得出你将要说的话？

你怎样运用"说'不'的能力公式"？

你怎样应对配偶的回答？

你将怎样为你的回答承担责任？

家庭情境 3

你在你的房子里已经生活了 5 年，而且房子变小了——因为现在家里有五口人一起生活。你也有钱搬到别处住，但是你非常喜欢现在居住的街道和附近的学校。你的配偶说："我认为该搬家了。"现在你怎么办？

你将对配偶说什么？

你将怎样得出你将要说的话？

你怎样运用"说'不'的能力公式"？

你怎样应对配偶的回答？

你将怎样为你的回答承担责任？

家庭情境 4

描述在家中最令你气愤的说"不"情境。

知道你现在所知道的事情，你下次将说什么？

你将怎样得出你将说的话？

你怎样运用"说'不'的能力公式"？

你感觉你的回答怎么样？

你将怎样为你的回答承担责任？

如果你必须按照下列 3 种方式做出回答，你将怎样说？

不，永不：

不，或许：

不，现在"不"，稍后"是"：

朋友或家族情境 1

多年未见的一位朋友来到你所在的城市。他刚刚打电话问你今晚是否愿意出去喝酒，但是你的配偶和孩子正盼望你回家做晚饭。

你将对你的朋友说什么？

你将对你的配偶和孩子说什么？

你将怎样得出你将说的话？你怎样运用"说'不'的能力公式"？

你感觉你的回答怎么样？

你将怎样为你的回答承担责任？

如果你必须按照下列 3 种方式做出回答，你将对你的配偶怎样说？

不，永不：

不，或许：

不，现在"不"，稍后"是"：

朋友或家族情境 1 的参考答案

◎你将对你的朋友说什么？

你的选择：无论你想要说什么。

◎你将对你的配偶和孩子说什么？

你的选择：无论你想要说什么。

◎你将怎样得出你将说的话？你怎样运用"说'不'的能力公式"？

按照如下方式运用"说'不'的能力公式"。

目的：你的朋友为什么想和你聚会？目的影响你的选项吗？

选项：你能在别处而不在家和你的朋友见面吗？你能邀请你的朋友到家吃晚饭，和家人见面吗？你们能在和家人吃过晚饭之后去见面吗？你们能在和家人吃过晚饭之前去见面吗？

时间：今晚真的是你和朋友见面的唯一时间吗？回顾选项里的问题再确定一个对你们俩都合适的时间。

情绪联系：与这位朋友见面你有什么感受？你确实想见面，或者用少量的时间和家人一起去，还是不和家人一起去？

权利和责任：家人盼望你回家吃晚饭，那么，你应该做出什么决定才能使你的朋友、家人和你自己都感到满意。

◎你将怎样为你的回答承担责任？

你已经说出了你决定要说的话。坚持你的回答，不要后悔，继续努力，并做出比现在的决定还要好的决定。

◎如果你必须按照下列 3 种方式做出回答，你将对你的朋友怎样说？

不，永不："不，下次来时不要再给我打电话。"

不，或许："我不确定，我和家人商量一下。"

不，现在"不"，稍后"是"："我有其他事情。你下次来时再给我打电话，这样我可以有时间安排一下。"

朋友或家族情境 2

高中同学聚会的压力变得越来越大，你对它越来越没有兴趣。今年，已经达到你的忍耐极限：你不想去。

你将怎样得出你将说的话？

你怎样运用"说'不'的能力公式"？

你感觉你的回答怎么样？

你将怎样为你的回答承担责任？

如果你必须按照下列 3 种方式做出回答，你将对同学怎样说？

不，永不：

不，或许：

不，现在"不"，稍后"是"：

朋友或家族情境 3

你的朋友（或者表姐妹）刚刚来到你家，问你是否可以从现在开始替他们照看几小时孩子。

你将怎样得出你将说的话？

你怎样运用"说'不'的能力公式"？

你感觉你的回答怎么样？

你将怎样为你的回答承担责任？

如果你必须按照下列 3 种方式做出回答，你将怎样说？

不，永不：

不，或许：

不，现在"不"，稍后"是"：

朋友或家族情境 4

一位高中时的熟人打电话给你说她即将来你所在的城市玩，并且问你她是否可以在你家住几晚。

你将怎样得出你将说的话？

你怎样运用"说'不'的能力公式"？

你感觉你的回答怎么样？

你将怎样为你的回答承担责任？

如果你必须按照下列 3 种方式做出回答，你将怎样说？

不，永不：

不，或许：

不，现在"不"，稍后"是"：

社区情境 1

一年来，你一直和几个朋友合伙用车上班（或者为了孩子的事情）。其中两位朋友按月支付他们那部分汽油费和停车费。但第 3 个朋友没有交钱，甚至连过去 4 个月来交钱的事都未曾提起。你失去了耐心，你将如何说"你不能再用车了"。

你将对这位朋友说什么？

你将怎样得出你将说的话？

你怎样运用"说'不'的能力公式"？

你感觉你的回答怎么样？

你将怎样为你的回答承担责任？

如果你必须按照下列 3 种方式做出回答，你将对这位朋友怎样说？

不，永不：

不，或许：

不，现在"不"，稍后"是"：

社区情境 1 的参考答案

◎你将对这位朋友说什么？

你的选择：无论你想要说什么。

◎你将怎样得出你将说的话？你怎样运用"说'不'的能力公式"？

按照如下方式运用"说'不'的能力公式"。

目的：你想要表达你的气愤，并且要求公正公平地解决问题。

选项：一言不发，继续生气。单独和这位合伙用车者交谈并且弄清是怎么回事。你和配偶可以邀请这位合伙用车者和其配偶吃晚饭，和他们讨论这个问题并提议帮助他们。和其他合伙用车的朋友或其他朋友交谈，看看这个合伙用车者是否有需要帮助的问题。

时间：你等待的时间越长，大家忍受的时间越长。因此，应寻找时间进行一次明确而友好的谈话。

情绪联系：你已经受到了干扰，因此该采取行动了。

权利和责任：每个人都签订了合伙用车的协议，同意交钱给你，因此每个人都需要交钱。你有权利和责任要求每个人都遵守协议。

◎你将怎样为你的回答承担责任？

你已经说出了你决定要说的话。坚持你的回答，不要后悔，继续努力，并做出比现在的决定还要好的决定。如果你决定让这位朋友继续用车而不用交钱，你将如何想？其他合伙用车者又将如何想？最友好、最公正、最诚实的回答到底是什么？

◎ 如果你必须按照下列 3 种方式做出回答，你将对这位合伙用车的朋友怎样说？

不，永不："你不能再用车了，这对我们任何人都不公平。请在本月 15 日之前把这 5 个月的费用交给我。"

不，或许："我们能否制订一个付款计划，以便你有钱补欠款？"

不，现在"不"，稍后"是"："我知道你现在有困难。你现在可以先付给我一部分钱，然后我们再商量出一个付款计划以便你补欠款。"

社区情境 2

"你今年担任特别事件委员会会长，好吗？"你已经担任了一个贸易协会的委员，而且要教你最小的孩子踢足球。你相信这个新的机构并且想帮忙。但是，你觉得今年还不能同意担任这个你从未参加过的机构的会长。

你将对请求你担任志愿会长的志愿者说什么？

你将怎样得出你将说的话？

你怎样运用"说'不'的能力公式"？

你感觉你的回答怎么样？

你将怎样为你的回答承担责任？

如果你必须按照下列 3 种方式做出回答，你将怎样说？

不，永不：

不，或许：

不，现在"不"，稍后"是"：

社区情境 3

描述在社区活动中最令你气愤的说"不"的情境。

遇到现在这种情形，你下次将说什么？

你将怎样得出你将说的话？

你怎样运用"说'不'的能力公式"？

你感觉你的回答怎么样？

你将怎样为你的回答承担责任？

如果你必须按照下列 3 种方式做出回答，你将怎样说？

不，永不：

不，或许：

不，现在"不"，稍后"是"：

✖ 预测说"不"的结果，全力激活高效的说"不"策略

说"不"的结果可以影响说"不"的决定。对于下列每一句话和情境，请写出在继续进行谈话或其他活动之前你所考虑的结果。

1.作为说"不"者，你刚刚说"不"。

正面结果：

负面结果：

折中结果：

2.作为说"不"者，你对一个请求已经思考了10分钟，并且已经决定说"不"。

正面结果：

负面结果：

折中结果：

3.你是犹豫不决者，刚刚慢吞吞地说："不……"

正面结果：

负面结果：

折中结果：

4.你是唯唯诺诺者，你刚刚说："是，我将帮助你。我不知道怎样，但是我会。"

正面结果：

负面结果：

折中结果：

5. "不，我不会去做这项计划。我不敢相信你竟会要求我考虑它。"（这是说"不"者、犹豫不决者，还是唯唯诺诺者说的话？）

正面结果：

负面结果：

折中结果：

6. "我想帮忙，但我不确定我什么时候能开始。"（这是说"不"者、犹豫不决者，还是唯唯诺诺者说的话？）

正面结果：

负面结果：

折中结果：

7. "你今天在工作时提及聚会的事，我决定去。"（这是说"不"者、犹豫不决者，还是唯唯诺诺者说的话？）

正面结果：

负面结果：

折中结果：

8. "是，从 7 月 1 日开始，我可以在这个委员会帮一年忙。"（这是说"不"者、犹豫不决者，还是唯唯诺诺者说的话？）

正面结果：

负面结果：

折中结果：

参考答案

对下列每个句子，考虑并写出大声说出这些话的可能结果。

这些只是参考答案。

1. 作为说"不"者，你刚刚说"不"。

正面结果：每个人都知道你的意思是"不"。

负面结果：有些人认为你的"不"急躁轻率。

折中结果：每个人都清楚，没有人推诿。

2. 作为说"不"者，你对一个请求已经思考了 10 分钟，并且已经决定说"不"。

正面结果：你做出了明确的决定。犹豫不决者、唯唯诺诺者以及一些初学者看到了你发挥决策过程的作用。

负面结果："不"的主人认为你的决定用了太长时间。

折中结果：每个人都清楚，没有人推诿。

3. 你是犹豫不决者，刚刚慢吞吞地说："不……"

正面结果：你推迟做出决定。

负面结果：你推迟做出决定。

折中结果：做决定无关紧要，所以没有产生其他结果。

4. 你是唯唯诺诺者，你刚刚说："是，我将帮助你。我不知道怎样，但是我会。"

正面结果：你被看作一个愿意帮忙的人。

负面结果：你不能完成，他人感到失望。

折中结果：不确定是否有这种结果。你已经承诺帮忙，那么如果你确实提供帮助，他人就高兴；如果你不提供帮助，他人就不高兴。

5. "不，我不会去做这项计划。我不敢相信你竟会要求我考虑它。"（这是犹豫不决者说的话，因为说"不"者不会加上最后那句话。）

正面结果：每个人都知道你不会去做。

负面结果：他人认为你有点情绪激动，反应过激。

折中结果：将做出同样反应的人会认同你的回答。

6. "我想帮忙，但我不确定我什么时候能开始。"（这是唯唯诺诺者说的话。）

正面结果：他人认为你友好，乐意帮忙。

负面结果：你再次做出承诺，任务没有完成。人们对你感到失望。

折中结果：一切都还凑合。

7. "你今天在工作时提及聚会的事，我决定去。"（这是唯唯诺诺者说的话。）

正面结果：每个人见到你都很高兴。

负面结果：主人觉得你闯入聚会，因为你没有受到邀请。

折中结果：一切都还凑合，没有造成伤害，也没有引起反感。

8. "是，从 7 月 1 日开始，我可以在这个委员会帮一年忙。"（这是说"不"者说的话。）

正面结果：你已做出承诺，并且清楚说明开始的日期。

负面结果：人们因你未能早点开始而感到不快。

折中结果：一切都还凑合，可以接受。

（注意：唯唯诺诺者可能说"好""当然可以"或者"我能

帮忙", 但然后并不能按照所希望的那样完成计划。)

· 本章概要 ·

当你知道你根本不可能做其他的事情时, 请说"不"; 当你知道你将不能坚持到底并且不能完成所请求的事情时, 请说"不"。问一些问题, 然后进行讨论。记住, 拥有资源使你有权利决定。通过使用"说'不'的能力公式"确定你将说的话, 并对下面的问题回答"是"或"不"。

目的: 我了解目的吗?

选项和资源: 我有选项吗? 我需要它们吗?

时间: 我能在最后期限之前完成请求吗?

情绪联系: 我对接受这项计划感觉良好吗?

权利和责任: 我的权利受到了尊重吗?

如第 7 章所述, 如果你对大部分问题都回答"是", 那么"是"可能就是最佳答案; 如第 5 章所述, 如果你对大部分问题都回答"不", 那么"不"可能就是最佳答案。做出你尽可能好的决定。

第 9 章

实操练习：不断精进说"不"的能力

要 点 预 览

1. 把"说'不'的能力公式"付诸行动。

2. 继续练习，没有人催促你做出决定。

3. 巩固做"不"的主人的技能。

下面有 50 个练习说"不"的机会！你将如何在下列的各种情境下说"不"？

如果你要考虑你将怎样对每个情境做出反应时，请先考虑你内心的反应和所做出的回答。确定你将运用本书的哪些公式，确定你将考虑哪些结果，列出你将问的问题，并且写下你将说"不"时运用的具体话语。把这些练习当作真实的情境来练习。"不"是一个完整的句子，但是它很少有你用于维持和谈话人之间的关系所需要的技巧。而且只有在极少的情况下它才可以破坏你和其他人的关系。

》》》说明

回答下列每种情境的前 3 个问题，以便你在第 4 个问题里能够写下你实际上大声说出"不"的方式。

1. 一位亲戚强迫你吃第 2 份晚餐。

a. 你将怎样运用"说'不'的能力公式"？换言之，你将问你自己和他人什么问题？

b. 你将考虑什么结果？

c. 你将运用什么个性话语说"不"？

d. 你将运用什么话语创建你的外在客观"不"，并且对亲戚说"不"？

2. 你的老板想让你下班后继续工作 1 个小时。

a. 你将怎样运用"说'不'的能力公式"？换言之，你将问你自己和他人什么问题？

b. 你将考虑什么结果？

c. 你将运用什么个性话语说"不"？

d. 你将用什么话语创建你的外在客观"不"，并且对老板说"不"？

3. 你的孩子想要买你认为不适合的东西做生日礼物。

a. 你将怎样运用"说'不'的能力公式"？换言之，你将问你自己和他人什么问题？

b. 你将考虑什么结果？

c. 你将运用什么个性话语说"不"？

d. 你将用什么话语创建你的外在客观"不"，并且对孩子说"不"？

4. 你的工作空间周围的噪声使你心烦意乱，以至你不能做任何事情。

a. 你将怎样运用"说'不'的能力公式"？换言之，你将问你自己和他人什么问题？

b. 你将考虑什么结果？

c. 你将运用什么个性话语说"不"？

d. 你将用什么话语创建你的外在客观"不"，并且对同事说"不"？

5. 医生想让你吃一种具有副作用的药。

a. 你将怎样运用"说'不'的能力公式"？换言之，你将问你自己和他人什么问题？

b. 你将考虑什么结果？

c. 你将运用什么个性话语说"不"？

d. 你将用什么话语创建你的外在客观"不"，并且对医生说
   "不"？

6. 你最小的孩子正在商店里发脾气。你甚至不知道他为什么
生气。

   a. 你将怎样运用"说'不'的能力公式"？换言之，你将问
      你自己和他人什么问题？

   b. 你将考虑什么结果？

   c. 你将运用什么个性话语说"不"？

   d. 你将用什么话语创建你的外在客观"不"，并且对孩子说
      "不"？

7. 你十几岁的孩子想要借你的汽车出去。

   a. 你将怎样运用"说'不'的能力公式"？换言之，你将问
      你自己和他人什么问题？

   b. 你将考虑什么结果？

   c. 你将运用什么个性话语说"不"？

   d. 你将用什么话语创建你的外在客观"不"，并且对孩子说
      "不"？

8. 你十几岁的孩子想要借你的汽车去参加一个晚会。

   a. 你将怎样运用"说'不'的能力公式"？换言之，你将问
      你自己和他人什么问题？

b. 你将考虑什么结果？

c. 你将运用什么个性话语说"不"？

d. 你将用什么话语创建你的外在客观"不"，并且对孩子说
"不"？

9. 你的女儿才 11 岁就要开始化妆。

a. 你将怎样运用"说'不'的能力公式"？换言之，你将问
你自己和他人什么问题？

b. 你将考虑什么结果？

c. 你将运用什么个性话语说"不"？

d. 你将用什么话语创建你的外在客观"不"，并且对女儿说
"不"？

10. 你的儿子才 15 岁，你在他的房间里发现了色情杂志。

a. 你将怎样运用"说'不'的能力公式"？换言之，你将问
你自己和他人什么问题？

b. 你将考虑什么结果？

c. 你将运用什么个性话语说"不"？

d. 你将用什么话语创建你的外在客观"不"，并且对儿子说
"不"？

11. 你的约会对象在暗示要发生性行为。你不打算或不想发
生性行为。

a. 你将怎样运用"说'不'的能力公式"？换言之，你将问
你自己和他人什么问题？

b. 你将考虑什么结果？

c. 你将运用什么个性话语说"不"？

d. 你将用什么话语创建你的外在客观"不"，并且对约会对象说"不"？

12. 一位同事正给不会抽烟的你递烟。

a. 你将怎样运用"说'不'的能力公式"？换言之，你将问你自己和他人什么问题？

b. 你将考虑什么结果？

c. 你将运用什么个性话语说"不"？

d. 你将用什么话语创建你的外在客观"不"，并且对同事说"不"？

13. 当一同采购时，你的朋友开始无节制地购物。如果你不加入这种"花钱寻开心"的购物，你将受到嘲笑。

a. 你将怎样运用"说'不'的能力公式"？换言之，你将问你自己和他人什么问题？

b. 你将考虑什么结果？

c. 你将运用什么个性话语说"不"？

d. 你将用什么话语创建你的外在客观"不"，并且对朋友说"不"？

14. 和你有一定关系的一个人正在伤害你的身体。

a. 你将怎样运用"说'不'的能力公式"？换言之，你将问你自己和他人什么问题？

b. 你将考虑什么结果？

c. 你将运用什么个性话语说"不"？

d. 你将用什么话语创建你的外在客观"不"，并且如何说"不"来制止伤害行为？

15. 和你有一定关系的一个人在说一些控制你的行动的话。

a. 你将怎样运用"说'不'的能力公式"？换言之，你将问你自己和他人什么问题？

b. 你将考虑什么结果？

c. 你将运用什么个性话语说"不"？

d. 你将用什么话语创建你的外在客观"不"，并且对这个想控制你的人说"不"？

16. 和你有一定关系的一个人至少每周说一次伤害你感情的话。

a. 你将怎样运用"说'不'的能力公式"？换言之，你将问你自己和他人什么问题？

b. 你将考虑什么结果？

c. 你将运用什么个性话语说"不"？

d. 你将用什么话语创建你的外在客观"不"，并且对这个人说"不"？

17. 和你住在一起的人拒绝做任何你们商定的事情。

a. 你将怎样运用"说'不'的能力公式"？换言之，你将问你自己和他人什么问题？

b. 你将考虑什么结果？

c. 你将运用什么个性话语说"不"？

d. 你将用什么话语创建你的外在客观"不"，并且对这种行为说"不再"？

18. 你的老板找你帮助做一项你没有时间做的计划。

a. 你将怎样运用"说'不'的能力公式"？换言之，你将问你自己和他人什么问题？

b. 你将考虑什么结果？

c. 你将运用什么个性话语说"不"？

d. 你将用什么话语创建你的外在客观"不"，并且对老板说"不"？

19. 你的团队恳求更多的时间完成计划。

a. 你将怎样运用"说'不'的能力公式"？换言之，你将问你自己和他人什么问题？

b. 你将考虑什么结果？

c. 你将运用什么个性话语说"不"？

d. 你将用什么话语创建你的外在客观"不"，并且对团队说"不"？

20. 当你在便利店结账时，营业员问你是否愿意为某种事业捐钱。

a. 你将怎样运用"说'不'的能力公式"？换言之，你将问你自己和他人什么问题？

b. 你将考虑什么结果？

c. 你将运用什么个性话语说"不"？

d. 你将用什么话语创建你的外在客观"不"，并且对营业员说"不"？

21. 你的收入所得税表要求你勾选5种事业之一来进行捐款。

a. 你将怎样运用"说'不'的能力公式"？换言之，你将问你自己和他人什么问题？

b. 你将考虑什么结果？

c. 你将运用什么个性话语说"不"？

d. 你将用什么话语创建你的外在客观"不"，并且对纳税申报表说"不"？

22. 服务生问你是否想要甜点。

a. 你将怎样运用"说'不'的能力公式"？换言之，你将问你自己和他人什么问题？

b. 你将考虑什么结果？

c. 你将运用什么个性话语说"不"？

d. 你将用什么话语创建你的外在客观"不"，并且对服务生说"不"？

23. 快餐店店员问你是否需要更大尺寸的比萨饼，但要加一点儿钱。

a. 你将怎样运用"说'不'的能力公式"？换言之，你将问你自己和他人什么问题？

b. 你将考虑什么结果？

c. 你将运用什么个性话语说"不"？

d. 你将用什么话语创建你的外在客观"不"，并且对快餐店店员说"不"？

24. 你打电话给一个客户，接待员问："你能等等吗？"

a. 你将怎样运用"说'不'的能力公式"？换言之，你将问你自己和他人什么问题？

b. 你将考虑什么结果？

c. 你将运用什么个性话语说"不"？

d. 你将用什么话语创建你的外在客观"不"，并且对接待员说"不"？

25. 你的母亲希望你一起去度假。

a. 你将怎样运用"说'不'的能力公式"？换言之，你将问你自己和他人什么问题？

b. 你将考虑什么结果？

c. 你将运用什么个性话语说"不"？

d. 你将用什么话语创建你的外在客观"不"，并且对母亲说"不"？

26. 你的父亲希望你找到一个更好的工作。

a. 你将怎样运用"说'不'的能力公式"？换言之，你将问你自己和他人什么问题？

b. 你将考虑什么结果？

c. 你将运用什么个性话语说"不"？

d. 你将用什么话语创建你的外在客观"不"，并且对父亲说"不"？

27. 你的兄弟姐妹想让你们的父母和你住在一起。

a. 你将怎样运用"说'不'的能力公式"？换言之，你将问你自己和他人什么问题？

b. 你将考虑什么结果？

c. 你将运用什么个性话语说"不"？

d. 你将用什么话语创建你的外在客观"不"，并且对他们说"不"？

28. 你在工作时不方便说"不"，但是你需要对即将要做的这个决定说"不"。

a. 你将怎样运用"说'不'的能力公式"？换言之，你将问你自己和他人什么问题？

b. 你将考虑什么结果？

c. 你将运用什么个性话语说"不"？

d. 你将用什么话语创建你的外在客观"不"，并且说"不"？

29. 你的一个员工表现很差，你可能要解雇他。你想要他有所提高而不至于失去工作。

a. 你将怎样运用"说'不'的能力公式"？换言之，你将问你自己和他人什么问题？

b. 你将考虑什么结果？

c. 你将运用什么个性话语说"不"？

d. 你将用什么话语创建你的外在客观"不"，并且对这个员工说"不"？

30. 你的配偶想再要一个孩子，你却不想要。

a. 你将怎样运用"说'不'的能力公式"？换言之，你将问你自己和他人什么问题？

b. 你将考虑什么结果？

c. 你将运用什么个性话语说"不"？

d. 你将用什么话语创建你的外在客观"不"，并且对配偶说"不"？

31. 你的配偶想搬到另一座城市，你却不想。

a. 你将怎样运用"说'不'的能力公式"？换言之，你将问你自己和他人什么问题？

b. 你将考虑什么结果？

c. 你将运用什么个性话语说"不"？

d. 你将用什么话语创建你的外在客观"不"，并且对配偶说"不"？

32. 你的女儿想要你在她的婚礼上花 15 万元，你负担不起。

a. 你将怎样运用"说'不'的能力公式"？换言之，你将问你自己和他人什么问题？

b. 你将考虑什么结果？

c. 你将运用什么个性话语说"不"？

d. 你将用什么话语创建你的外在客观"不"，并且对女儿说"不"？

33. 你的儿子想要你花 13 万美元为他买一辆新车，你买不起。

a. 你将怎样运用"说'不'的能力公式"？换言之，你将问你自己和他人什么问题？

b. 你将考虑什么结果？

c. 你将运用什么个性话语说"不"？

d. 你将用什么话语创建你的外在客观"不"，并且对儿子说"不"？

34. 你的孩子害怕床下和壁橱里的"怪物"。

a. 你将怎样运用"说'不'的能力公式"？换言之，你将问你自己和他人什么问题？

b. 你将考虑什么结果？

c. 你将运用什么个性话语说"不"？

d. 你将用什么话语让孩子舒舒服服地上床睡觉？

35. 你想买一辆新车，销售员一直劝说让你升级配置。车总价比你的预算多出 2 万元。

a. 你将怎样运用"说'不'的能力公式"？换言之，你将问你自己和他人什么问题？

b. 你将考虑什么结果？

c. 你将运用什么个性话语说"不"？

d. 你将用什么话语创建你的外在客观"不"，并且对销售员
　　　 说"不"？

36. 团队给每个员工举办生日晚会，你不想他们给你举办生
日晚会。

　　a. 你将怎样运用"说'不'的能力公式"？换言之，你将问
　　　 你自己和他人什么问题？

　　b. 你将考虑什么结果？

　　c. 你将运用什么个性话语说"不"？

　　d. 你将用什么话语创建你的外在客观"不"，并且对团队说
　　　 "不，谢谢你们"？

37. 你所依靠的每周供货的卖主刚刚宣布把价格提高 15%。
你的公司不能承担加价，其他供应商可以供货。

　　a. 你将怎样运用"说'不'的能力公式"？换言之，你将问
　　　 你自己和他人什么问题？

　　b. 你将考虑什么结果？

　　c. 你将运用什么个性话语说"不"？

　　d. 你将用什么话语创建你的外在客观"不"，并且对卖主说
　　　 "不"？

38. 你的一个员工想要去参加一个贸易博览会，并且认为这
是个人发展培训计划的一部分。但你认为不是最佳时机。

　　a. 你将怎样运用"说'不'的能力公式"？换言之，你将问
　　　 你自己和他人什么问题？

b. 你将考虑什么结果？

c. 你将运用什么个性话语说"不"？

d. 你将用什么话语创建你的外在客观"不"，并且对这个员工说"不"？

39. 你不想和朋友们一起参加下个月进行的每年一度的集体旅行。

　　a. 你将怎样运用"说'不'的能力公式"？换言之，你将问你自己和他人什么问题？

　　b. 你将考虑什么结果？

　　c. 你将运用什么个性话语说"不"？

　　d. 你将用什么话语创建你的外在客观"不"，并且对朋友说"不"？

40. 你的邻居（同事、老板、朋友）一直向你借东西但不返还，你对此很厌烦。

　　a. 你将怎样运用"说'不'的能力公式"？换言之，你将问你自己和他人什么问题？

　　b. 你将考虑什么结果？

　　c. 你将运用什么个性话语说"不"？

　　d. 你将用什么话语创建你的外在客观"不"，并且对邻居（同事、老板、朋友）说"不"？

41. 你发现自己不能做出让你女儿在一个朋友家连续睡三晚的决定，你知道你想并且需要说"不"，你把自己的感情关系当作对女儿安全的关心。

　　a. 你将怎样运用"说'不'的能力公式"？换言之，你将问
　　　　你自己和他人什么问题？

　　b. 你将考虑什么结果？

　　c. 你将运用什么个性话语说"不"？

　　d. 你将用什么话语创建你的外在客观"不"，并且对女儿说
　　　　"不"？

42. 你现在陷入无法决定是否要在一个志愿组织担任职务的
困境。你相信这项事业，然而你现在有许多事情要做。

　　a. 你将怎样运用"说'不'的能力公式"？换言之，你将问
　　　　你自己和他人什么问题？

　　b. 你将考虑什么结果？

　　c. 你将运用什么个性话语说"不"？

　　d. 你将用什么话语创建你的外在客观"不"，并且对这一职
　　　　务说"不"？

43. 你在推迟与父母的谈话，你需要对他们让你的孩子与他
们共度暑假的请求说"不"。

　　a. 你将怎样运用"说'不'的能力公式"？换言之，你将问
　　　　你自己和他人什么问题？

　　b. 你将考虑什么结果？

　　c. 你将运用什么个性话语说"不"？

　　d. 你将用什么话语创建你的外在客观"不"，并且对父母说

"不"？

44. 有人站得离你非常近。

a. 你将怎样运用"说'不'的能力公式"？换言之，你将问你自己和他人什么问题？

b. 你将考虑什么结果？

c. 你将运用什么个性话语说"不"？

d. 你将用什么话语创建你的外在客观"不"，并且对个人空间的侵犯说"不"？

45. 有人正用一种你不喜欢的方式触摸你。

a. 你将怎样运用"说'不'的能力公式"？换言之，你将问你自己和他人什么问题？

b. 你将考虑什么结果？

c. 你将运用什么个性话语说"不"？

d. 你将用什么话语创建你的外在客观"不"，并且对讨厌的触摸说"不"？

46. 你的孩子在打架。

a. 你将怎样运用"说'不'的能力公式"？换言之，你将问你自己和他人什么问题？

b. 你将考虑什么结果？

c. 你将运用什么个性话语说"不"？

d. 你将用什么话语创建你的外在客观"不"，并且对孩子说"不"？

47. 你的同事在打架。

a. 你将怎样运用"说'不'的能力公式"？换言之，你将问你自己和他人什么问题？

b. 你将考虑什么结果？

c. 你将运用什么个性话语说"不"？

d. 你将用什么话语创建你的外在客观"不"，并且对同事说"不"？

48. 你有一位不再需要与之继续合作的顾客——该和这位顾客终止关系了。

a. 你将怎样运用"说'不'的能力公式"？换言之，你将问你自己和他人什么问题？

b. 你将考虑什么结果？

c. 你将运用什么个性话语说"不"？

d. 你将用什么话语创建你的外在客观"不"，并且对顾客说"停止"？

49. 你喜欢参加社区的志愿活动。目前你已参加了孩子学校的两个志愿小组并且参加了社区的足球队，而且你还参加了社区的一个非营利团队。现在，你有一个认识了15年的人邀请你参加他们新的非营利团队。

a. 你将怎样运用"说'不'的能力公式"？换言之，你将问你自己和他人什么问题？

b. 你将考虑什么结果？

c. 你将运用什么个性话语说"不"？

d. 你将用什么话语创建你的外在客观"不"，并且对这个人说"不"？

50. 你最喜爱的说"不"的方法是什么？

你觉得它怎么样？当你对他人说这个"不"的时候，你的声音如何，你的表情如何，你的感觉如何？

参考答案

以下是前 6 个情境的参考答案。这里没有"正确"答案，因为我们每个人都会给这些普通的情境添加不同的经历和意义。把这些参考答案当作帮助你完成其余情境的练习灵感启动器。

1. 一位亲戚强迫你吃第 2 份晚餐。

a. 目的：她想感到你喜欢她的厨艺。

选项：有礼貌拒绝第 2 份晚餐并且称赞她的厨艺；要求带一些回家作为明天的晚餐。

时间：在第 2 份晚餐放在你的面前之前。

情绪联系：不要感到像受害者一样，坚持自己的决定。

权利：你有权说"不，谢谢你"。

b. 伤害她的感情。

c. 彬彬有礼和讲究细节。

d. "不，谢谢你。这顿饭很好吃，我吃饱了。"

2. 你的老板想让你下班后继续工作 1 个小时。

a. 用你"说'不'的策略"话语。问："加班难道没有预算吗？"

b. 丢掉工作。

c. 直接坦率。

d. "不。"

3. 你的孩子想要买你认为不适合的东西做生日礼物。

a. 用一系列适合孩子年龄的说"不"的能力话语教导孩子。你可以问以下问题："你为什么要那件礼物？你认为它合适吗？"

b. 孩子不开心；购买这件礼物，和其他父母一样感到为难。

c. 直接坦率和激励鼓舞。

d. 在用一系列适合说"不"的能力话语教导孩子之后，他可能决定要另一件礼物。或者，他可能决定还是要原来的礼物，你可以说："不，买其他的礼物。"

4. 你的工作空间周围的噪声使你心烦意乱，以至你不能做任何事情。

a. 目的：为了工作，你需要安静的环境。

选项：搬到另一个房间；和同事交谈；在家工作一天。你可以要求："你们可以到另一个地方聊天吗？"

时间：今天采取行动。

情绪联系：你现在的情绪也使你不能安心工作。

权利：你有权得到一个安静的工作空间，或者一个能够隔离噪声的工作空间。

b. 他人对我不满意。意识到其他人也可能被打搅并因我站出来说话而感到高兴。

c. 直接坦率和彬彬有礼。

d. "太吵了！我们不能为客户服务，因此请到别处谈话。谢谢！"

5. 医生想让你吃一种具有副作用的药。

a. 目的：医生想帮助你；如果这种药没有所描述的副作用你将感觉更好。

选项：问医生："有没有其他药？有没有别的治疗方法？"如果你不喜欢医生所说的话，就换一个医生。

时间：立即，当你在医生诊所时。

情绪联系：你有权受到关心或感到失落，因此表达你的感情。

权利和责任：你对你的健康和幸福负责，你有权保护自己并做出选择。因此，大胆请求医生给出其他办法。

b. 其他的副作用；去看另一个医生。

c. 直接坦率。

d. "不，我不想服用这种药。有其他药吗？"

6. 你最小的孩子正在商店里发脾气。你甚至不知道他为什么生气。

a. 目的：保持镇定并且让孩子平静下来。

选项：停止购物并离开商店；给孩子一些时间，等几分钟再继续购物；平静地问孩子："你到底想要什么？"不理睬孩子，继续购物。

时间：现在就处理。

情绪联系：窘迫、愤怒、受挫。

权利和责任：你有权利和责任去教育孩子并使他平静下来。

b. 窘迫；解决不了问题。

c. 直接坦率。

d. "不要再闹了，我们马上回家。"

·本章概要·

当你知道你根本不想做某件事情时，请记得说"不"。当你知道你将不能坚持到底并且不能完成所请求的事情时，请说"不"。提出一些问题，进行讨论。记住，拥有信息使你有权决定。通过使用"说'不'的能力公式"确定你将说的话，对下面的问题回答"是"或"不"。

目的：我了解目的吗？

选项和资源：我有选项吗？我需要它们吗？

时间：我能在最后期限之前完成请求吗？

情绪联系：我对接受这项计划感觉良好吗？

权利和责任：我的权利受到了尊重吗？

如果你对这些问题的大部分都回答"是"，那么"是"可能就是最佳答案。如果你最终对这些问题的大部分都回答"不"，那么"不"可能就是最佳答复。其次你就要做出尽可能好的决定。

第 10 章

快速做出决定
并坚持到底

要 点 预 览

1.使用说"或许、是、不"的快速提示。

2.成为"不"的主人。

你有多少次意欲说"不"但后来却把它变成了"是"？这是非常令人头疼的事。经常变成"是"的"不"实际上就是"或许"。工作场所经常需要说"是"；孩子纠缠着你说"是"；家庭事务让你忙忙碌碌，每天似乎都要说上百遍"是"才可以。有这么大压力说"是"，你如何说出你的"不"，甚至说到做到，持之以恒？

首先，你必须承认你想要或需要说"不"。学会接受你内心的"不"，这样你才会感到舒适并允许自己做出"不"的决定。从你的"说'不'的策略"话语中汲取力量，然后，辨认出所需要的说"不"的个性话语，运用"说'不'的能力公式"获得你的需要并坚持说"不"的依据。最后，选择你将使用的说"不"的话语，大声地把"不"说出来。

✖ 说"或许、是、不"的快速提示

利用前面各章学到的决策工具，并记住这些快速提示，随时把它们带在身边。这些提示专门为说"或许、是、不"而设计，你可以把这些提示页放在电话旁，带到会议室。准备谈话时可以用到这些提示，在你做出决定并给出回答之后，如果你想继续提高坚持决定说"不"的能力，你也能用到这些提示。

阅读完所有 3 种快速提示之后，再回头复习这 3 份清单并在每份清单里标出 2 ~ 3 个你觉得对你最有用的提示技巧。

说"不"的快速提示

在以下情况下说"不"，如果：

（1）活动或请求不能帮你实现目标。因此，它与你的目标不相关。

（2）你的时间已经排满了，即使经过调整你也没有时间承担其他计划。这与第3章讨论的"区分轻重缓急表"有关。

（3）你没有完成请求所需的技能。

（4）你没有时间学习这种技能。

（5）你没有精力学习这种技能。

（6）你没有精力完成任务。

（7）你不喜欢这项活动，而且如果说"不"你也不会感到不安。

（8）你不想说"是"，而且如果说"不"你也不会感到不安。

（9）说"不"的结果比说"是"的结果重要。

能力训练

从简单的"不"开始

（1）你对什么说"不"最容易？为什么？

（2）你对谁说"不"最容易？为什么？

（3）你每次都对这些事或人说"不"吗？为什么？

（4）你将如何坚持这些容易说出的"不"，并且在每次需要的时候说"不"？

安全说"或许"并坚持决定的快速提示

合理的犹豫不决是可以接受的。你可以放心地说"或许"，如果：

（1）需要更多的信息。你需要更多的信息做出决定，并且你将做出这个决定。

（2）还要决定其他的事情。如果需要其他人批准或授权才可做出决定。只要做出一个决定，说"或许"是可以的。

（3）说"或许"的结果比说"是"或"不"的结果重要。

能 力 训 练

修改"或许"

（1）你经常对什么说"或许"？为什么？

（2）你真正想回答的是什么？"是"还是"不"？

（3）下次你需要说"不"的时候，你将如何说"不"而不是"或许"？

说"是"并坚持决定的快速提示

以下情况，你可以说"是"。

（1）你帮助他人完成他们要做的事情。这样，在你需要帮助的时候就可以获得更多的帮助。最终，你可以更快地实现目标。

（2）你有时间说"是"。如果你说"是"，你就不会丢掉其他的重要事项。

（3）你有技能说"是"。如果你从来没有做过这样的事，而且你想或需要说"是"，你将如何学会这样的技能？

（4）你有精力说"是"。但是，请记住如果你很劳累，你生活的各个方面都会受到影响，从长远看，这对你的健康和成功都不利。

（5）你喜欢这项任务而且能够重新安排其他事情时说"是"，这样你的其他事项就不会受到影响。

（6）说"是"的结果比说"不"的结果重要。

✖ 坚决明确说"不"，不做模棱两可的拒绝

到真正要说"不"的时候，说"不"就是一件严肃的事情了。说话的语气和面部表情对传达信息的效果影响很大。"你不懂哪一部分'不'的意思"来自一个人的气愤，因此是一个强硬而愤怒的说"不"的方式，而不是幽默的句子。

任何开玩笑说"不"的尝试都可能被当作尖刻、粗鲁、自私，甚至讽刺。说"不"并非是疏远他人或让他人混淆。说"不"本来就是体现一个人的表达能力、文明礼貌、交际技巧、个人修养及洞察力的行为。如果你说"不"，就要真诚地去执行，坚持到底。

本章概要

清楚你所要传达的内容是什么，让你的"是"表示"是"，"不"表示"不"，把"说'不'的能力公式"付诸行动。能理解并解释请求的目的、完成任务可用的选项、完成任务的时间期限、和完成任务有关的情绪，以及对任务或请求说"是"或说"不"的权利和责任。

让你回答的"是"或"不"尽量清晰明确，这样你就能够坚持你的决定而不会随后改变你的主意和回答了。

第 11 章

50 种说"不"的
技巧大公开

要 点 预 览

1. 运用这些技巧帮助你，一旦说"不"
   就坚持到底。
2. 巩固和扩展你对"不"的掌握。

有时你的大脑告诉你说"不"，但是你的心里想说"是"。你大声地说"不"，但是如果你失去决心你就会发现自己在说"是"。有时，你内心的声音要说"不"但是你还是说服自己说"是"。因此，你大声说出"是"，但结果发现自己很忧郁、郁闷，或者更糟糕，处于危险之中。

　　你一旦决定"不"是你想要说出的字，就直接说"不"——说到做到。坚持它，支持它："不"就是"不"。如果你发现自己犹豫、彷徨、踌躇，请你使用下列"说'不'的策略"之一，并坚持到底。

　　下列技巧和策略可以帮助你一旦说"不"就坚持到底。圈出或标出你下次需要说"不"时打算使用的方式和技巧，并坚持你的决定。在你努力成长为说"不"的主人的过程中，请经常复习这些策略。

　　1. 在说出你的决定之前，给自己一些思考时间。清楚自己做出这个决定的原因将帮助你坚持自己的决定。

　　2. 要求一些仔细考虑请求的时间，然后运用"说'不'的能力公式"弄清你说"不"的原因。这样做将增加你对"不"的回答的信心。

　　3. 再次做说"不"的测试题看看你提高了多少。继续用那些有用的策略，尝试新的方法克服那些脆弱的时刻的心理障碍。

　　4. 说"不"之后，离开当时的情境。

　　5. 找到一个不但能够不断提醒你为什么说"不"，而且帮助你继续说"不"的同盟者。

6. 从简单的练习开始。对什么说"不"最容易？从那里开始，本周每天都对这件事情或活动说"不"。也许对第 2 份食物说"不"最容易。你可以从对在商店冲动购物的行为说"不"开始，也可以从对仅仅因为便宜而买甩卖的 T 恤说"不"开始。

7. 坚持你的立场。字面意思是双脚分开，与肩同宽，坚定地站立。深吸一口气，心平气和地呼吸。倾听他人，你可以发现"不"是否是最好的回答。当你发现"不"就是你想要的回答，请说"不"。在你知道自己的决定被对方理解之前，请保持原来的站姿，继续深呼吸。

8. 用"不"字设定保护你自己、你的家人、朋友及其他人的界线。当你专注于保护那些对你重要的人时，你就更可能坚持自己的决定。

9. 用"不"字设定保护你的时间、精力及财产的界线。复习第 3 章有关自我保护的讨论。

10. 保持诚实。如果在拥有的资料基础上得出了尽可能好的决定，"不"就是一个正直的、符合伦理道德的回答。承认这一点有助于你坚持自己的决定。

11. 把"不"放在你的回答的开始位置。

12. 懂得"不"很少与"是"一样受欢迎。

13. 把"不"的一切责任归于自己。不要责备别人，不要指责别人，或者把责任转嫁给别人。你已经说了"不"；你可以证明你为什么说"不";你知道说"不"的结果。因此，要承认你自己说了"不"，并为之承担责任。

14. 为它承担责任。换句话说，你自己选择说"不"，而且有权利说"不"，所以你自己要为之承担责任。

15. 停止自责。一旦你说过"不"要为之承担责任。事情可能变坏，或者你可以改变主意，不要对自己太苛刻，而要多做观察。

16. 对你的判断有信心。如果你决定说"不"，相信你的决定并支持你的决定。

17. 记住这点：说"不"的能力证明你确实做出了可靠的判断。

18. 你不需要向任何人解释。你已经做出了决定，重要的是你知道其中的原因。

19. 记住："不"是一个完整的句子。

20. 远离不利的交易。你说"不"，你这样做是因为你受到了不公的待遇。你应该得到公正的对待，恢复你的权利，并要求得到公正的对待。

21. 改变以警惕为开始的说"不"的习惯。既然你现在更加明白，你就可以更好地坚持你的决定。

22. 坚持你的决定，因为它经常比你说了别人要你说的话更有效。

23. 如果你觉得当面说"不"比较困难或者危险，你可以通过书面方式说"不"。

24. 有时对顾客、卖主及供应商说"不"也不是一件坏事。因此，你一旦决定就要努力实现。你不但可以对那些你购买他们东西的人说"不"，而且可以对那些买你东西的人说"不"。

25. 相信自己。你有权说"不"。

26. 结果。在说"不"或"是"之前要考虑结果，也要为其他可能出现的结果做好准备。记住，如果情况改变，你可以要求得到更多的信息，重新做出决定。

27. 练习使用"说'不'的能力公式"。只有这样，当你需要时，你才能快速想起这些问题：目的、选项和资源、时间、情绪联系、权利和责任。知道你在做出决定之前已经收集了尽可能多的信息可以帮助你坚持自己的决定。

28. 要认识到当你在生活中学习如何说"不"时，其他人也在学习如何恰当地说"是"或"不"。

29. 独立思考。不要随波逐流，你要知道自己为什么做出这样的决定。如果你随波逐流，你就很容易变得犹豫不决。因为每当他人改变他们的决定，你最终也会改变你自己的决定。

30. 知道你的"不"顾及你的最大利益。这不仅仅可行，而且可以帮助你保护你自己、你的时间和精力。

31. 考虑你的"不"是否顾及其他人的最大利益。如果如此，那么通过说"不"，你就给其他人提供了保护。

32. 尊敬。说"不"也是表示尊敬的一种方式。说"不"表示你尊敬自己和他人。

33. 自尊。在你受到不公的对待时，说"不"是一种恢复自尊的方式。

34. 正直诚实。在你知道自己不能够完成任务时说"不"是一种符合伦理道德的回答。

35. 绝不低估"不"的功能。

36. 明确你自己说"不"的意图。换言之，要清楚在说"不"之后，你希望产生什么结果。

37. 明确你自己说"不"的责任。你不想陷入一个对双方都不利的局面或者一场争吵中。在说"不"之后，要确认你的责任。

38. 学会用"不"并非表示你比别人更有权利。"不"是关于如何控制你自己的决策的问题。一旦你做出决定，就要坚持你的决定。

39. 说"不"是一种拒绝他人的方式。针对问题更易于坚持你的决定。

40. 请求别人帮助。在你觉得坚持决定有困难的时候寻求熟练的"不"的主人的帮助。

41. 每次需要时，要大声地说"不"。只想到说"不"是不够的，思考只是说"不"过程的一半。其他人读不懂你的心，因此要大声说"不"。

42. 利用"说'不'的能力公式"防止你的"不"变成"是"。

43. 问问你自己为什么有必要对孩子说"不"，但是为什么不可以对成年人说"不"。

44. 不要再做犹豫不决者。不管你是不可靠的犹豫不决者还是犹豫不决者，都不要再犹豫不决了。如果你决定需要成为合理的犹豫不决者，你就要果断做出决定，并且说到做到。

45. 考虑你为什么经常等到自己生气、感到压力，或者疲惫不堪之时才说"不"。你为什么这样做？现在，你将如何停止？

46. 回想第3章的"区分轻重缓急表"。如果一个活动或请求不重要或不相关，请说"不"。

47. 如果请求的时间期限不符合实际或者不可协商，请说"不"。复习第3章的"区分轻重缓急表"。

48. 要有说"不"的勇气，并坚持它。

49. 你的"不"也可以给其他人带来说"不"时所需要的勇气。

50. 记住"不"的功能。

能力训练

第1部分：坚持你的立场，坚持你的决定

坚持你的决定的最佳答案是那些对你有用的策略，那些能够维持好你的各种人际关系的策略，以及那些允许你的生活中有最大的成就感和幸福感的策略。

（1）再次复习上面的50个技巧清单，圈出你将在最近3个月能用到的3～4个说"不"的策略，说到做到，坚持到底。

（2）下次说"不"时，你将如何坚持你的立场，坚持你的决定?

（3）下次你发现自己的"不"要变成"是"时,你将如何做出适当的回答?

（4）你将给以上清单增加哪些技巧或策略?

第2部分：把你自己看作"不"的主人

请描绘一幅你作为"不"的主人的画面,包括你有何感受、你周围有哪些人、你在什么地方、你说"不"时的身体姿势如何,同样也要画出在你大声说出"不"后所发生的事情。

本章概要

不要再认为"不"表示"或许""或许"表示"是",以及"是"表示"不"。现在就开始让"不"表示"不""或许"表示任何方法都行、"是"表示"是"。如果条件改变或承诺不能实现,那么"是"可以转化为"不"。如果条件、选项、期限及权利能够按照允许你说"是"的方法重新定义,那么"不"也可能转化为"是"。问题的关键在于,你如何运用"说'不'的能力公式"让你自己停止犹豫不决,果断做出决定,在恰当的时候说"不"。

不要再犹豫不决。开始着手做出明确的决定,并坚持你的决定。某位作者说过："练习对任何危害自我的事情说'不'的能力。"不要觉得你自己对任何事情都有说"是"的义务。要形成这种态度：

"有时说'是'，有时说'不'，有时说'或许'。我知道其中的区别。无论我说'是''不'，还是'或许'，我都将坚持我的立场。"

作为"不"的主人，你要把自己看成以下几种人。

（1）一位自信的决策者。

（2）一位称职的决策者。

（3）一架帮助达成协议以便做出最好决定的桥梁。

（4）一位把"不"当作符合伦理道德的、顾及有关各方最高利益的回答的人。

附　录
升级版说"不"的能力公式

说"不"的能力公式 1

◎目的

◎选项和资源

◎时间

◎情绪联系

◎权利和责任

说"不"的能力公式 2

在决定说"是"还是说"不"的过程中，可以提出更多的问题。例如，"说'不'的能力公式 2"就包括这些问题范围。

◎决定轻重缓急。利用第 3 章提供的"区分轻重缓急表"。

◎义务。确定你所负有的义务。确定自己说"是"和说"不"所担负的责任。

◎为什么、什么人和什么时间。明确请求的原因和期限。而且明确哪些人可以帮助你完成任务。

◎所需精力。估计你完成请求需要付出多大的精力。

◎原因和结果。明确请求的原因，询问预期的结果。

"说'不'的能力公式2"

（1）这些问题在什么时候比最初的"说'不'的能力公式"里的问题对你更有帮助？

（2）你将在公司里找到哪些人运用"说'不'的能力公式"进行决策？

（3）你将采取什么办法记住最初的"说'不'的能力公式"里的5个关键问题？

说"不"的能力公式3

下面是另外一种可以在决定说"是"还是说"不"的过程中提出的问题范围。

◎人。需要哪些人来完成任务？

◎机会。是否真有完成任务的机会？

◎什么。确切需要完成什么？

◎交换。是什么交易？你将放弃什么？你将得到什么？

◎所需资源。按照达成的方法，完成任务需要什么？

能力训练

"说'不'的能力公式3"

（1）这些问题在什么时候比最初的"说'不'的能力公式"或"说'不'的能力公式2"里的问题对你更有帮助？

（2）在你的社区、家庭、公司里，哪些人可以帮你提高决策能力？

（3）你将如何继续在日常谈话中提高你运用"说'不'的能力公式"的能力？

反对犹豫不决

◎情境1：商务会议上的犹豫不决

你不是与会的领导。在今天的会议里你必须做出决定，否则，公司将失去一个非常重要的机会或错过递交投标的最后期限。你的专业知识将用于帮助决定是否投标。会议室里有10个人，有些人围坐在一起谈论，有些人在向外张望，有些人表示反对所讨论的办法，还有一些人感到非常气愤。

你将说什么？

你将运用"说'不'的能力公式"的哪些部分应对这群人？

你将采用什么语气和身体语言？

◎情境2：家庭决策挑战

你的家人在期待你做出今年夏季度假计划的最后决定。你承诺要调查研究，但你并未能进行。你的工作非常紧张，你还没有考虑度假的事情。你的孩子几乎每天都要来纠缠你做出决定。

你将说什么？

你将问什么问题来收集足够的信息做出决定？

你将采用什么语气和身体语言？

◎情境 3：社区决策挑战

你在参加你所在的街道办的年度会议，约有 50 人出席。会场一片混乱，街道办不能有效地主持或控制会议。有人做出一项提议，但街道办的主管人员好像没听到。你心里也开始犹豫，想离开会场。但你刚刚在自己身上发现的"不"的主人正努力帮助你使会议有所进展。

你将说什么？

你将采用什么语气和身体语言？

图书在版编目 (CIP) 数据

学会说"不" / 卢倩著 . —北京 : 中国华侨出版社,
2021.3（2021.5 重印）
ISBN 978-7-5113-8339-6

Ⅰ.①学… Ⅱ.①卢… Ⅲ.①心理交往 – 通俗读物
Ⅳ.① C912.11-49

中国版本图书馆 CIP 数据核字（2020）第 200601 号

学会说"不"

著　　者 / 卢　倩

责任编辑 / 姜薇薇

封面设计 / 冬　凡

版式设计 / 冬　凡

文字编辑 / 史　翔

美术编辑 / 潘　松

经　　销 / 新华书店

开　　本 / 880mm × 1230mm　1/32　印张：8　字数：160 千字

印　　刷 / 三河市骏杰印刷有限公司

版　　次 / 2021 年 3 月第 1 版　　2021 年 5 月第 2 次印刷

书　　号 / ISBN 978-7-5113-8339-6

定　　价 / 38.00 元

中国华侨出版社　北京市朝阳区西坝河东里 77 号楼底商 5 号　邮编：100028
法律顾问：陈鹰律师事务所
发 行 部：（010）88893001　　　　传　　真：（010）62707370

如果发现印装质量问题，影响阅读，请与印刷厂联系调换。